图书在版编目（CIP）数据

让朗读点亮课堂.一～三年级.上册/张凤霞等编著.—南昌：江西教育出版社，2020.9

ISBN 978-7-5705-2042-8

Ⅰ.①让… Ⅱ.①张… Ⅲ.①阅读课－小学－课外读物②朗诵－语言艺术－小学－课外读物 Ⅳ.①G624.233

中国版本图书馆 CIP 数据核字 (2020) 第 173761 号

让朗读点亮课堂（一～三年级上册）
RANG LANGDU DIANLIANG KETANG

张凤霞　许　欣　编著

江西教育出版社出版

（南昌市抚河北路 291 号　　邮编：330008）

各地新华书店经销

江西新华印刷发展集团有限公司印刷

720 毫米 ×1000 毫米　　16 开本　　13.5 印张　　字数 170 千字

2020 年 9 月第 1 版　　2020 年 9 月第 1 次印刷

ISBN 978-7-5705-2042-8

定价：48.00 元

赣教版图书如有印装质量问题，请向我社调换　电话：0791-86710427

投稿邮箱：JXJYCBS@163.com　　电话：0791-86705643

网址：http://www.jxeph.com

赣版权登字 -02-2020-408

版权所有　侵权必究

编写说明

《义务教育语文课程标准》(2011年版)"课程目标"部分提出了学生阅读能力培养的总体目标:"具有独立阅读的能力,学会运用多种阅读方法。有较为丰富的积累和良好的语感,注重情感体验,发展感受和理解的能力。能阅读日常的书报杂志,能初步鉴赏文学作品,丰富自己的精神世界。"而这一总体目标的实现,是通过不同学段阶段性目标的具体教学实践达到的。朗读是各个学段提高语文教学水平的一个重要的教学手段,但在实际教学中,教师对朗读教学的理解,以及在如何指导学生增强朗读能力和提高朗读水平方面还存在着一些误区。常常听到有教师在课堂上说:"我们要读出自己的感情","要带着悲伤的语气读","要带着激愤的感情读"……而学生要么读得平淡无味,要么装模作样、无病呻吟,令人大失所望。因为感情是在体验中、感染中、共鸣中自然生发的,不是靠外在的指令产生的。教学中,如果学生不能理解课文的语言文字,不能深入地体会作品和作者的情感,他们就难以真正将自己的感情融入朗读中。

想提高有感情朗读的有效性,就应该联系学生的生活积累,激活学生的知识储备,使他们对言语对象进行积极主动的感受体悟,产生共鸣。教学过程中,可以引导学生抓住文中的关键词、重点句读读,议议，品品，挖掘文本的内涵，体会作者的情感；还可以通过示范朗读和配乐诵读等手段以情激情。在教学指导过程中，教师必须首先充分地认识作品、研究作品，深刻发掘其内涵，把握作者的创作意图和要表达的思想感情，把握课文的情感。在此基础上，借助恰当的手段方法和巧妙的语言点拨进行朗读指导，学生不仅能开阔眼界，增长知识，而且能受到美的教育，得到美的熏陶。所以培养学生从文字语言到有声语言的转换能力，从而更好地理解、感受文本所揭示的人、事、物之美，在小学阶段语文教学中尤为重要。

基于上述原因，我们编写了《让朗读点亮课堂》这套书。本套书以《教师教育课程标准》《小学教师专业标准》和《义务教育语文课程标准》（2011年版）为基本指导思想，坚持以"立足解读、体会情感、指向实践"为出发点，以典型文本解读和朗读技巧处理相结合的形式进行朗读指导，以强化小学教师的朗读技能和朗读指导能力，使朗读真正成为教师素养的重要组成部分。

本套书编写的侧重点是在小学语文课程改革实验与实施的大背景下，对统编教材中教师所关心的部分常见文本进行朗读指导，期望能够收到举一反三的实际效果；以真实的教学行为为依托，针对小学语文课堂及课下朗读指导中教师不敢范读、朗读指导缺乏针对性、朗读在课堂上流于形式等实际问题，试图通过解决这些问题，给一线教师和职前教育阶段的师范生以实实在在的朗读技能与朗读指导训练的启示；充分关注教师从新课程的学习者向实施者与研究者的转变历程，以统编小学语文教材的部分文本解读与朗读指导的形式，体现出指导性、启发性、实用性与生动性相结合的特点。

本套书不同于一般朗读指导用书侧重朗读技巧指导的特点，而是立足于小学语文教师工作的实际，更侧重实践训练，力求内容务实，语言亲和（但不口语化、通俗化），充分体现人文色彩。课堂教学实践证明，对文本的解读是多元化的理解过程，朗读者的朗读亦是如此。本书中对某一篇课文的解读与朗读指导，侧重的是某一方面或某一角度，但教师在课堂指导过程中一定要关注到自己的教学目标，以及在课文总基调下的"个性化"呈现，避免多人一腔、全班同调。特别提醒各位老师：朗读是教师的基本技能，教师的朗读过关，才能更好地指导学生。这里的朗读指导，不是要求教师在授课中单纯效仿，也不是将朗读贯穿全篇，而是要在阅读教学中灵活运用。关于音频，也请教师参考着听。当音频的朗读指导与您的理解不吻合时，您正好可以把它作为一个探究点深入研究或和学生一起进行讨论交流，以期收到师生、生生探究交流的效果。

  本套书分为四册：统编小学语文教材一～三年级（上册）精选篇目的朗读指导，统编小学语文教材一～三年级（下册）精选篇目的朗读指导，统编小学语文教材四～六年级（上册）精选篇目的朗读指导，统编小学语文教材四～六年级（下册）精选篇目的朗读指导。因为低年级是语感训练的关键期，而且一年级学生刚刚开始小学阶段的语文学习，所以教师课堂的示范朗读与指导更加重要。因此，一年级上、下册教材中所有的讲读篇目全部选入相关分册，作为朗读指导训练学习的内容。其他各年级各册的讲读课文，则依托单元学习要点，选取有代表性的篇目进行训练指导。

  每一分册内容的构成分为两部分：文字篇和音频篇。一、文字篇。朗读的基本理论知识，四册书的朗读基本理论知识会形成一个整体。文本朗读指导，此为重点内容，包括四个方面，即原文呈现、文本简析、朗读指导、教学建议。二、音频篇。包括每册书所选课文朗读指导的音频讲解和统编教材中全部课文的朗读音频（其中一年级教材包括拼音和识字及相关的语文园地中的内容），以弥补书面文字表意的"不逮"；音频可通过扫描书中的二维码获得。

本套书的读者群体和适用范围大致有如下几类：一为一线小学语文教师提供训练指导，二为高校小学教育专业的本科生、研究生提供职前研习、训练资料，三为小学生家长课下指导孩子朗读做参考，四为所有朗读朗诵爱好者学习朗读知识、提升朗读素养做辅助。

本册书的编写分工如下：朗读基本知识及一年级上册文本朗读指导由张凤霞执笔，二、三年级上册选文的朗读指导由许欣执笔，整本书朗读指导的音频由张凤霞完成，课文朗读由曾婉（苑阳）完成。孙建龙、张凤霞、许欣做了本书的文字梳理与统稿工作，张凤霞做了本书的定稿工作。

本套书在编写过程中，借鉴吸收了许多他人的优秀成果。对于书中所参考过的书籍、文献、博客、网页等相关资料，我们尽可能注明了出处；在编写过程中，我们重点参考了人民教育出版社统编义务教育教科书小学语文教材和义务教育教科书小学语文教师教学用书；朗读基本知识部分我们重点参考了郭玉斌老师的《朗诵艺术的技巧与赏析》。我们得到了江西教育出版社、首都师范大学出版社公众号"乐智阅读"平台、首都师范大学初等教育学院的大力支持。在使用过程中，大家一定会发现本套书存在的不足之处，恳请提出宝贵意见。在此，向给予我们帮助的所有人表示衷心的感谢！

张凤霞　许　欣
2020 年 2 月 2 日

序 言

"文以气为主"（曹丕《典论·论文》），按李泽厚先生的解释，这里的"气"即文章中所凝聚、所蕴含的"主体道德——生命力量"，"这种力量经常通过高度概括化了的节奏、韵律等感性语言而呈现"（李泽厚《华夏美学》）。刘纲纪先生认为，"气"是人的生命力，与人的气质、个性、精神直接相关［李泽厚、刘纲纪《中国美学史（第二卷·下册）》］。从作者来讲，"气"通过有形、有声的语言得以外化、表达；从读者来讲，则有"因声求气""以学养气"的阅读方法乃至学说。在中国传统语文教育中，人们始终认为，读者须通过对文章语音、语调的疏密、长短、节奏、快慢、起伏和韵律的诵读，并以此对文章语词、句法、修辞、内容等进行揣摩，才能真切体悟、感受到文章之"气"。

"凡读书……须要读得字字响亮，不可误一字，不可少一字，不可多一字，不可倒一字，不可牵强暗记，只是要多诵遍数，自然上口，久远不忘。古人云：'读书百遍，而义自见。'谓读得熟则不解说自晓其义也。"（朱熹《朱子童蒙须知》）至晚清曾国藩，也有"非高声朗读则不能得其雄伟之概，非密咏恬吟则不能探其深远之趣"的观点，认为只有通过朗读吟咏，才能"引出一种兴会"（曾国藩《家训》），领略到作品的"神气"，进而产生一种自然愉悦的心理体验和精神上的愉悦。这正是所谓"因声求气"的过程，通过目、口、耳等多种感官，使文字、音节、声调跃动起来，从而调动身心去面对、想象、感受、体悟，使读者的心灵沉浸其中，获得"浩然之气"的滋养。

语文的学习不能没有声音的相伴，"因声求气"的传统语文教育思想需要我们更好地传承与发扬。朗读，作为"把文字转化为有声语言的一种创造性活动"，其"创造"的实质不只在于技术，更在于理解与表达，在于精神。通过"目"与"口"，在长短疾徐、抑扬顿挫中，我们唤醒的是语言；通过"耳"与"心"，倾听并触动我们心灵的是气韵与精神。面对文字，我们用心、用声音，唤醒并创造出了一个审美的世界，使文章所蕴含的理性与情感展现出新的活力。这个审美的世界与朗读者的精神世界相交融，在我们内心的审美与道德世界中产生回响。于是，在"因声求气"中，我们达到了"以学养气"之目的。这是一个专注感受文章语言、用心揣摩作者胸怀的过程，是一种心灵碰撞、情感交融的过程，是一个于潜移默化中丰富生命体验、提升道德修养、发展审美人格的过程。由此，我们看到朗读对于青少年个体精神发育与人格形成的重要意义。

显然，朗读是一个不可替代的、融通语言和精神的重要感知活动，也是一个富有创造性的审美活动。因此，书声琅琅也就成了一种精神的召唤。对于少年儿童来说，朗读滋养着他们个人的文化情怀与精神品格，也必将带领他们从铿锵的语言世界走进意蕴深厚的审美与文化世界。从这个意义上说，《让朗读点亮课堂》这套书，其实点亮的不只是课堂，更是儿童的心灵。正是为了这样的一个理想，我们愿意和所有的教师、家长一道，做好儿童成长的引路人。

让我们再回到语言学习本身。"理论上说，人对语言的理解应当经过这样两个阶段：一是感知它的声音或形体，二是思索它所表示的意义。但通常情况下，人们却在感知它的声音或形体的同时，就了解了它所表示的意义，无须思索。"（董蓓菲《小学语文课程与教学论》）这就是所谓的语感，即"在视听当下不假思索地从感知语音、字形而立刻理解语音字形或表示意义的能力"（王尚文《语感论》）。在母语的学习过程中，语感的积累与丰富极为重要，它是一个内隐的学习过程，其途径就是反复诵读、潜心揣摩、熟读成诵。这个过程同时是情感、思想、文化的积淀过程，是一个潜滋暗长、积少成多、由感到悟、从量变到质变的过程。可见，对于儿童的语言学习而言，朗读何其重要！与直接的语文知识讲解、灌输相比，朗读在儿童语言的发展中有着无比巨大的优势，它与情、与美、与生命的活力相关联，它所生成的绝不仅仅是语言知识本身，而是儿童的生命整体。

我们知道，参与朗读活动的有人的视觉器官、听觉器官和发音器官，而大脑始终起着指挥和协调的作用。朗读的过程与感知觉、表象、想象、联想、情感等多种心理因素相关，而一般来说，声音信号又比文字信号更具有音乐性、形象性和感染性，所以朗读活动对儿童心智的发展是全方位的。比如，朗读能稳定并发展儿童的注意力；有声有色的朗读可以发展儿童的想象力，并使他们获得美的感受；有声语言的音乐性可以改善儿童阅读的心境，产生愉悦的体验；听读中的涵泳品味可以培养儿童的理解力、感受力，涵养其心灵；等等。在强调儿童素养全面发展的今天，我们相信，越来越多的教师、家长会认识到朗读对于儿童成长的重要作用。我们憧憬这样的景象：朗读与儿童越来越近，与教师越来越近，与家长越来越近，直至它融入我们的学习与生活。

所以，这套书期待的阅读对象是儿童，是教师，是家长，也是各类师范生。这套书的编写者来自首都师范大学初等教育学院，这所学院始终坚持以"面向小学、研究小学、服务小学"为办学宗旨，汇集了一批热衷于小学儿童研究、小学课程研究、小学教师研究的优秀学者和教师。参与本套书编写的几位教师，均为小学语文课程与教学理论和实践的研究者，长年行走于大学与小学之间，积累了丰富的理论基础与实践经验。我们愿意把这样的智慧和经验与儿童、教师、家长分享。并在此表示衷心感谢！

让朗读点亮语文课堂，让朗读滋养儿童心灵，我们一起努力！

孙建龙

2020 年 2 月 6 日

目 录

编写说明

序言

绪论

　　一、感受朗读的魅力　/003
　　二、认识朗读的意义　/004
　　三、怎样才能读好　/006

朗读基本知识

第一章　朗读的特点、要求及功能　/011
　　一、朗读的特点　/011
　　二、朗读的要求　/012
　　三、朗读的功能　/014

第二章　朗读的发声学要求　/016

一、朗读的气息　/016

二、朗读的发声　/018

三、朗读的吐字　/020

附：练习　/024

课文朗读指导

一年级上册课文朗读指导　/027

第1课　秋天　/027

第2课　小小的船　/029

第3课　江南　/032

第4课　四季　/036

第5课　影子　/040

第6课　比尾巴　/043

第7课　青蛙写诗　/045

第8课　雨点儿　/049

第9课　明天要远足　/052

第10课　大还是小　/055

第11课　项链　/058

第12课　雪地里的小画家　/062

第13课　乌鸦喝水　/065

第14课　小蜗牛　/068

二年级上册课文朗读指导 /072

第1课　小蝌蚪找妈妈 /072

第2课　我是什么 /076

第3课　植物妈妈有办法 /081

第4课　曹冲称象 /086

第5课　玲玲的画 /089

第7课　妈妈睡了 /092

第11课　葡萄沟 /095

第12课　坐井观天 /099

第13课　寒号鸟 /102

第14课　我要的是葫芦 /106

第17课　难忘的泼水节 /110

第18课　古诗二首 /114

　　　　夜宿山寺 /114

　　　　敕勒歌 /117

第19课　雾在哪里 /120

第20课　雪孩子 /123

第21课　狐假虎威 /127

第22课　狐狸分奶酪 /130

第23课　纸船和风筝 /133

第24课　风娃娃 /138

三年级上册课文朗读指导 /143

第1课 大青树下的小学 /143

第2课 花的学校 /148

第5课 铺满金色巴掌的水泥道 /152

第6课 秋天的雨 /155

第10课 在牛肚子里旅行 /159

第17课 古诗三首 /164

　　　　望天门山 /164

　　　　饮湖上初晴后雨 /167

　　　　望洞庭 /170

第19课 海滨小城 /173

第20课 美丽的小兴安岭 /176

第21课 大自然的声音 /181

第23课 父亲、树林和鸟 /185

第25课 掌声 /189

第26课 灰雀 /194

参考文献

绪　　论

绪 论

一、感受朗读的魅力

短文《公园里的花》中有这样一句:"弟弟要摘花,姐姐说:'不要摘!不要摘!公园里的花是给大家看的。'"这里,书面文字传达的意思就是姐姐阻止弟弟摘花。当我们把姐姐的话读出来时,大家从有声语言的听读中自然会听出:不同朗读者口中的姐姐的个性特点(严厉、温和、急切……)和阻止弟弟摘花的原因(或重读"**大家**"强调花的所属,或重读"**看**"强调花的功用)的差异。由此就不难发现,有声语言(朗读)和无声文字间传情达意的区别。同样在《狐狸和乌鸦》中,乌鸦虽只有一句有声语言"哇……"但用声音呈现的时候同样存在着差异:在同样抬眉晃头的得意神态下,有的同学"哇"读得声音悠长,极尽得意、忘乎所以之势;而有的同学却得意地开口,"哇"声出口便戛然而止,传达的是乌鸦刚开口立刻意识到上当之意。从这里我们不难发现:文本的主基调是一定的,但在转化为有声语言的朗读过程中,以声传情的效果又是个性化的。不借助有声语言(朗读),单从纸面上的文字很难将个性化的理解生动传神地表达出来。

所以,张颂先生说:"朗读绝不是见字发音的直觉过程,而是一个有着复杂的心理、生理变化的驾驭语言的过程。"[1]

二、认识朗读的意义

"讲解是分析,朗读是综合;讲解是钻进文中,朗读是跃出纸外;讲解是摊平、摆开,朗读是融贯、显现;讲解是死的,如同进行解剖,朗读是活的,如同赋给作品生命;讲解只能使人知道,朗读更能使人感受。因此,在某种意义上讲,朗读比讲解更重要。"[2]

朗读,可以增强朗读者对母语的感情,帮助朗读者认识文本。汉字,是音、形、义的结合体,其特有的四声,使它具有独特的韵律美。文字放在纸上,没人读就只是文字。而有人把自己的理解读出来了,读出了抑扬顿挫的韵律美,读出了字里行间的情感美,就能赋予文字以灵动的生命。"一去二三里,烟村四五家,亭台六七座,八九十枝花。"就是在这充满韵律的抑扬顿挫的朗读中,母语的美妙与魅力感便潜滋暗长了,从而增强了朗读者品味母语、运用母语、借读传情的情感体验。

朗读,可以使朗读者和听读者增加对文本的理解、体验,生成高品位的语感。叶圣陶先生的《瀑布》以简短的诗句描绘了瀑布的雄伟壮丽。第一小节:"**还没看见瀑布,先听见瀑布的声音,好像叠叠的浪涌上岸滩,又像阵阵的风吹过松林。**"从声音写瀑布:未见瀑布,先闻其声。在读后两句时,朗读者和听者都要充分调动听觉想象。朗读者若声音舒缓柔和,传达的是和风细浪的感觉;反之若气粗声重,则传达的是狂风巨浪之感。朗读者若在"好像""又像"后面用拖音

---

[1] 张颂. 朗读学 [M]. 北京:中国传媒大学出版社,2010:7.
[2] 徐世荣. 谈谈朗读教学 [M]. 石家庄:河北人民出版社,1964:3.

延长，则传达的是诗人在想象、在体会、在寻找恰当词句来表达的感觉。可见，朗读时文本的词语概念、语法修辞、构思布局、情景描写、逻辑顺序、韵律配置……总是十分具体地启迪着我们的思路。用有声语言表达时，就会想办法运用各种技巧，尽可能完美地表达文字作品的精妙。这种对语言表现力的要求，对我们从事文字写作，抑或对有声语言的表达，都起着自觉学习运用和潜移默化的作用。久而久之，自然地就贮存了许多可资借鉴、可供表现的手段。

朗读，可以提高口语和书面表达的能力。在前面两点的基础上，朗读者与听读者的审美品位和语言感受力会大大增强，语言表达能力自然会提升。朗读，连接着字、词、句，连接着阅读、表达和写作，连接着学生的情感、态度、价值观。实践证明，凡是喜欢朗读的孩子，其书面表达和口语表达的能力都不会差。"于是，朗读多少篇之后，多少次朗读之后，那潜移默化的成果就会日益显露出来；不但可以在自己写作时模仿、消化那文笔，还可以在说话时对照、应用那辞章，从而使我们的思维缜密、情感丰富，文字表达和口头表达趋于准确和生动……写作、说话、朗读等的表现力必然明显提高。……语言表现力提高，完全可以使'下笔千言，倚马可待'或'七步为诗，出口成章'的阶段尽快到来，到那时，更高水平的朗读便会出现了。这样，听、说、读、写相辅相成、相得益彰，我们的语言表现力便纵横驰骋，无往而不适了。"[①]

[①] 张颂. 朗读学 [M]. 北京：中国传媒大学出版社，2010：31.

三、怎样才能读好

怎样才能读好，是所有语文教师面临的实际问题。我们认为：一方面指导者文化素养、审美感受能力要不断提升与强化；另一方面，要善于对学生予以指导、点拨。这里，不妨借助孙建龙老师分析的一个案例[①]进行思考。

学习《王冕学画》时，老师叫学生画出其中描写荷叶、荷花的句子与词语，接下来组织学生以竞赛的形式看谁读得最棒。前两个同学读得都不错，第三个同学是个女生，她的朗读没能得到老师的认同，在老师的指点和鼓励下，这个女生又读了一遍，但和前一遍相比仍然没有什么大的变化，女生低下了头。老师也显得有些失望，但马上调整了一下自己的情绪，说："没关系，咱们听听其他同学是怎样读出这种喜爱的感情的。"

我们不妨深入思考一下：她为什么读不好呢？

思考之一：朗读须"心到"。欲"心到"，则须进入文本，揣摩词句，才能体会出情味，产生语感，才能激起学生鲜明的"内心视象"，引起内心感受与情感共鸣。在此基础上，"对荷花的喜爱之情"才有可能通过朗读表达出来，即只有"读进去"，才能再"读出来"。该女生很有可能还没有达到"心到"，老师也正应该在这方面用力才是。跨过了这样一个关键程序，直接由文字到朗读，感情从哪里出来呢？须知，朗读中的"有感情"绝不是对文字本身"一顿一重"的技术处理就能解决的。

---

① 孙建龙. 她为什么读不好——对一个朗读指导过程的反思[J]. 语文教学通讯，2005 (1).

思考之二：触其感受。读，不能单从语言、文字上去揣摩，而应当把生活经验联系到语言、文字上去。只有文本内容联系或引发了儿童某一方面的生活经验，才能触动个体心灵并产生独特的感受，朗读才会有味道。该女生之所以读不出"喜爱之情"，原因可能有二：第一，文章没能引起她生活经验的再现，比如她记忆中原本就没有"荷花"这一表象，这就需要老师借助图片、想象等帮她建立起这样的表象，进而去感受荷花之美，当然也可以借助她喜爱的其他事物将情感"迁移"到朗读指导中来；第二，"荷花"虽然引发了她的生活经验，但这个经验可能是痛苦的，至少不是美好的，而这又直接影响到了她的审美情趣。因此，朗读中的"有感情"不单纯是文章本身所要传达的感情，也非老师所认定的某种感情，而是一种由文字所引发的个体的心灵波动。认识到了这一点，才有可能在朗读指导过程中充分引发、调动起主体的真实情感体验，才能做到尊重个体的独特心理感受，也才能避免整齐划一乃至矫揉造作。

思考之三："好"与"不好"的标准。如果这个女生平时就不善言谈，朗读基础也比较差，那么与其之前的朗读相比，今天有这么多听课的老师在场，她的朗读也许就能称得上是"好"，是"进步"，关键是这"好"与"不好"的标准应该从哪些角度去思考。面对一篇文章，老师在指导学生进行朗读之前，脑子中已有了一个"先在"的标准，这个"先在"的标准就成了衡量同学朗读"好"与"不好"的指标，而这个标准恰恰是从课文本身、从老师的审美感受出发制定出来的，并没有或很少从学生的角度出发去思考。因此，朗读指导过程中的评价要考虑到学生个体的因素。而尊重个体的情感体验也并不意味着朗读中"有感情"这一要求就没有了一个大致标准。事实上，每一篇文章都有它的感情基调，朗读还是要立足于文本，读出这感情基调，只是我们不能用整齐划一的"模子"自上而下地套在所有学生的身上，而是要给予他们充分的理解和有针对性的审美情感引导。

　　思考之四：朗读指导的"形"与"神"。朗读自然需要一定的技巧借以准确地传达出内心的情感，这是朗读指导中"形"的问题。但倘若朗读者并没有被文本唤起内心的情感波动，只靠"轻、重、停、连"等技术行为去支撑整个朗读过程，这样的朗读对孩子语文素养的影响则微乎其微。这个朗读指导过程中，教师的着眼之处更多停留在技术层面，欠缺的恰恰是"神"，这种缺乏情感引导的朗读自然就成了无源之水、无本之木。长此以往，朗读就会沦落成为一种充满着矫揉造作"伪情感"的机械模仿。古人道："强哭者，虽悲不哀；强怒者，虽严不威。"只有"情动于中"才能"声形于外"，由此我们应该认识到，朗读指导表面上看起来是一个技术问题，其实则在其"神"，它应该是一种精神与情感的导航。

　　朗读，是语文教学的一个重要手段。书声琅琅的课堂，才是遵循了语文教学规律的本真课堂。但朗读能力与朗读指导能力的提升非一朝一夕之功，这是一个循序渐进、持之以恒地品味文本、体会感情并能以声传情的过程。

朗读基本知识

朗读是把文字作品转化为有声语言的再创作活动。这句话回答了这样几个问题：读什么？读文字作品。用什么读？用有声语言读。为什么读？再创作，表达自己的理解和感受。那么，怎么读呢？传情是目的，用声是手段。

每个人的音质无法改变，但声音却可以美化。自如且正确地训练好呼吸、共鸣、吐字，既可以保护嗓子，又可以美化声音。

第一章 朗读的特点、要求及功能

朗读,在语文教学中既是解读文本的重要手段,又是语文教学的目的。语文教学中经常涉及朗读、诵读①、朗诵等相关词语概念,准确理解其含义,才能有针对性地设计教学目标,收到预期的教学效果。

一、朗读的特点

(一)什么是朗读

朗:声音清晰响亮。读:理解体会。朗读:用清晰响亮的声音,结合各种语言手段,完善地表达作品思想感情的一种语言活动,即把文字作品转化为有声语言的再创作活动。

(二)朗读与朗诵的区别

1.朗读辅助手段较少。朗读是把书面语言转化为有声语言的活动,可适当借助眼神、手势、身姿、音乐、画面传情达意,无须更多的其他手段;朗诵要通过声音向听众表达文学作品的思想感情和朗诵者的主体感

---

①诵读:和朗读一样是把文字转化为有声语言的再创作,但其文本范围稍窄于朗读,偏重于抒情、叙事、韵律感强的文本;朗朗上口,熟读成诵,目的主要是积累。在本书中不涉及"诵读"。

受,所以要具有一定的表演成分,除了运用自己的有声语言以及眼神、手势、身姿外,还需要音乐、化妆、灯光等辅助手段强化感情的表达,进行气氛的渲染。

2.朗读的语调变化较小。朗读虽也讲究抑扬顿挫,但只要注意语意清楚、舒缓不迫、字字分明即可,语调变化不必太大;朗诵则要重视语势、重音、停顿和节奏的处理,富有很强的音乐性。

3.朗读的文体范围大。朗读可以涵盖各种文体,包括议论文、说明文等;而朗诵的对象主要是文学作品,如诗歌、小说、散文、寓言以及话剧和影视剧中大段的台词等。

(三)朗读的特点

面对听众:朗读要与听众进行语言的、眼神的、肢体的、心灵的交流,而非自言自语,也不是自我欣赏式的宣泄,更不是面对其他演员的表演。

二、朗读的要求

(一)基本要求

1.吐字规范、有力,清晰流畅。朗读与阅读不同,前者诉诸听觉,后者诉诸视觉;朗读时声音一过即逝,阅读则可以反复。所以朗读一定要让受众听明白,易接受,要做到语音标准,符合规范,不读错别字;吐字干净利落,清晰有力,自然流畅,不能含糊不清、结结巴巴。

2.声音洪亮、圆润,朴实明朗。朗读主要是以声传情,声音圆润悦耳，富有表现力，才会带给听众审美愉悦；同时为了让人感到亲切、自然，还要朴实大方，不能太夸张。

3. 节奏分明、适度，变化有序。节奏即轻重缓急、抑扬顿挫的变化，这是随着作品内容和朗读者的感情变化而变化的，这是一种接近自然状态的节奏。

4. 表达恰切、充分，生动自如。从宏观的把握到微观的处理，从整体的态度、情感到具体的停顿、重音、语气节奏，都应是准确的；要充分体现作品的思想内容和实质；要生动形象，亲切自如。

5. 体态适度、得体，自然大方。这里的体态语指面部表情、眼神、手势、身体动作。朗读毕竟不同于表演，所以面部表情和手势动作一定要适度、得体，符合作品的要求，不可过多过滥；而且要自然大方，不可装腔作势、生硬做作。

（二）朗读的"五忌"[①]

1. 念字式：不注意词语间的语意衔接，以字为单位，单纯念字，用单一的节奏念出需要朗读的文本。多见于低年级指读式朗读。

2. 念经式：同样不注意词语间的语意衔接，以较快的语速、含混不清的发音，无起伏、无感情地朗读。多见于高年级同学，因不好意思朗读，而呈现出的念经式声音形式。

3. 八股式：一味从声音上刻意追求，腔调固定，前高后低或前低后高，前紧后松或前松后紧，不能恰当传情。

---

① 国家教委师范司. 教师口语 [M]. 北京师范大学出版社，1996:79.

4. 演戏式（分角色朗读除外）：演戏是扮演角色，而朗读是讲述角色。

5. 固定式：过分强调体裁，同一体裁作品，都用同一腔调去读。

（三）朗读者的语言和身份

1. 朗读是朗读者的再创造，所以使用的语言要规范、典型、生动，具有美感。

2. 朗读者在朗读时，需要感受作者的情感，但不是化身为作者，而是要读出自己的感受。

3. 朗读时要忠实于原作品——不丢字，不添字，不错读字音，不结巴，不重复。

三、朗读的功能

朗读是口语交际的一种重要形式。它不仅可以提高阅读能力，提升艺术鉴赏水平，更为重要的是，通过朗读，大者可以陶冶性情，开阔胸怀，文明言行，增强理解；小者可以有效地培养对语言词汇细致入微的体味能力，提高口语表述水平。因此，要想成为口语表述与交际的高手，就不能漠视朗读。

（一）规范语言，增强语言表达能力

语言包括语音、词汇和语法；语言表达是对这些要素的学习、摄取、积累的过程。朗读文本时，那优美的语言、高远的意境、鲜明的

节奏、高超的手法、精美的词语、生动的修辞、严谨的逻辑、巧妙的布局、动人的韵律，会对朗读者和听众产生潜移默化的影响。

（二）交流思想，传播文化

美妙的朗读可以叩开心扉，沟通心灵，交流思想，其听众面的广泛性、传播方式的大众化，可以拓宽文化传播途径，推进文化传播进程。

（三）提升审美，净化心灵

朗读和欣赏朗读是创造美和审美的过程，文学作品所蕴含的丰富情感、高尚情操、高雅格调都会对朗读者和听众进行思想的启迪；强烈的情感也会不断冲击人们的心扉，从而使人产生审美愉悦，净化人的心灵。

（四）陶冶情操，提高修养

优秀的作品凝结了作者对人生、社会、自然万物的文化观察，闪现着人类的精神品格。蕴含在作品中的高尚的人格精神、纯洁的道德操守、忠贞的爱国观念，打动着一代又一代人。"腹有诗书气自华"，经常朗读、听读优美的文学作品能够提高人的精神境界；在朗读过程中，人的气质、风度、内在的涵养、对待人生的态度都会发生积极的变化。

第二章 朗读的发声学要求

要获得较好的朗读效果,科学地发声、用嗓是基础。发声,是气息经过声带时,声带振动的结果。要发出优美圆润的声音,一定要注意呼吸、发声、吐字等方面的科学训练。

一、朗读的气息

朗读既然是建立在发声基础上的语言表达,所以没有气息支撑就难以进行。"气若不利,脸上没戏","内练一口气,外练筋骨皮"。虽然朗读语调变化不必太明显,但是当遇到惊喜、狂笑、质问、愤怒、昂扬的大段激情文字时,气息不足也就无法表达感情。

平时说话时,气短声飘,传播不远,因为平时说话音量小,所用气息浅;朗读时,则需要充足的气息做支撑,所以做到用正确的方式呼吸尤为重要。

正确的呼吸方式应该是有控制的胸腹联合式呼吸,其要领是"吸气一大片,呼气一条线;气断情不断,声断意不断"。

吸气,要做到快、深、可控。吸气时扩展两肋,双肩放松,双臂可自然下垂,从容地扩展两肋;口鼻同时吸气,气下沉,后腰撑,上腹微鼓,小腹内收,腹肌收向丹田。吸气时,要深,吸向肺底,假想小腹是吸气器官,吸气嘴儿在后腰,两肋、腰部充分张开(可以把双手抚在后腰上,在吸气时后腰要感受到膨胀感);紧张的部位只有腰和丹田。

站立式：全身放松，做深呼吸。坐式：坐在椅子前端（一半或三分之一处）上身略前倾，双脚自然着地，小腹稍作内敛。

正确吸气的感觉如闻花香：深吸气，深入，自然，柔和；或如抬重物（或掰手腕）：先吸一口气，再憋一股劲；抑或如打哈欠时的吸气状态。

呼气，要做到拉住、平稳、可控。不能憋气，要保持吸气时小腹微收、后腰撑胀、上腹微凸、两肋扩张、小腹依然处在内敛状态，再让气息以圆柱的形态，慢慢、有控制地呼出，呼出的气流细弱绵长均匀，不可一下吐尽。

正确呼气的感觉如吹空瓶；或如吹桌上的灰尘，不能让灰尘飘到别人的衣服上。忌呼气过快，声音不能持久；前强后弱，声音不均匀。

气息训练要点：

1. 深吸一口气，完成"数枣"训练。要求：中间不能偷气、换气，要保持每个词的音高、音强、音长和音色的统一，不能前强后弱，前高后低，前明后暗；喉部要始终放松、通畅。

出东门过大桥，大桥底下一树枣。拿着杆子去打枣，青的多红的少。一个枣，两个枣，三个枣，四个枣，五个枣，六个枣，七个枣，八个枣，九个枣，十个枣；十个枣，九个枣，八个枣，七个枣，六个枣，五个枣，四个枣，三个枣，两个枣，一个枣。这是一个绕口令，一口气说完才算好。

2. 模仿京剧中的大笑："哈、哈、哈"（手放在肚脐下丹田的位置，体会气息下沉、弹发的感觉）。

3. 弹发训练：hòu—hèi—hà，体会膈肌和腹肌的作用。

4. 发声训练：pēng—pā—pī—pu—pai（体会上下贯通、力度加强的感觉）。

5. 吹桌上的尘土或撮起双唇吹空瓶30秒（体会气息圆柱、可控、绵长的感觉）。

二、朗读的发声

（一）朗读的主要发音器官

声带、喉头、胸腔、肺脏；共鸣腔：胸腔、口腔、鼻腔。

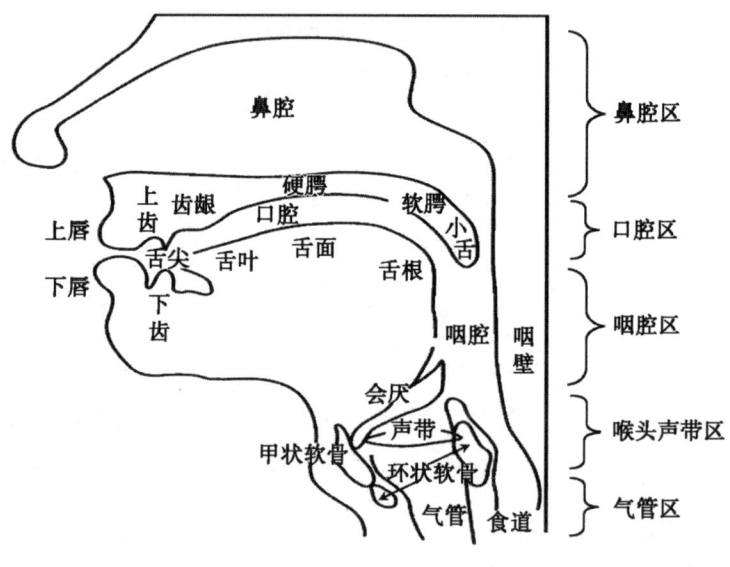

发音器官纵向剖面图

（二）发声要领

上下贯通,胸腹结合；要求字正腔圆。所读字音要纯正,共鸣通畅,声音圆润。注意：呼吸正确,口形正确,归音到位,共鸣用好,才能达到声音圆润的效果。音量由气息控制；共鸣好才会音域宽、音饱满。"微笑开牙提嘴角,口腔共鸣自然好；舌根放松开通道,松弛如同下巴掉；气顶声柱通硬腭,声音穿透打面罩；声柱集中是一条,面罩感觉要找到。"

（三）做到"三腔"共鸣

把手放在胸部，发"铿锵"的音，震动处即为胸部共鸣点，低音共鸣，浑厚，低沉；双手捏住鼻子，堵住鼻子气息通道，发"嘎、嘎、嘎"声（不能出现鼻音），声音打在硬腭上，其感觉即为口腔共鸣点，中音共鸣，丰满、圆润；闭紧嘴巴，模仿打电话时发"嗯"或哼歌曲，其感觉即为鼻腔共鸣点，高音共鸣，高亢、明亮。训练三腔共鸣可采用不同的部位，发"哼"，由低到高，体会逐渐"哼"通。

发声训练要点：

1.喊口令的范围感（不同人数要用不同的气息强度并控制音节的长短）。

（1）100人（一个连）；（2）300人（一个营）；（3）1000人（一个团）。

"全体集合-（用"-"表示延长音）立正-向右看-齐！向前-看！"军人口令的特点：要坚定而响亮，面向不同的人数要有音量大小的区别，由气息控制产生出音强与音长的变化，注意尾音上扬。

2.发声的空间感。

（1）（对准目标）喊人练习：哎，你们在哪呢？（5层、10层、15层、20层）

（2）（寻找目标）来啦，来啦-我来啦-我-来-啦（屋子里-院子里-大礼堂里-山上）。

3.朗读字词体会共鸣。

光明磊落　乘风破浪　班门弄斧　珠圆玉润　眼花缭乱　龙腾虎跃　妙手回春　山明水秀　喜气洋洋　慷慨激昂　得心应手　五光十色

三、朗读的吐字

（一）朗读存在的主要问题

发音不正：属于口形舌位、四声四呼问题。如，"纯"发成"存"。

吐字不清：属于口形开度小，吃字、粘连、游离问题。如，"西安"发成"仙"。

声音单薄：属于气息与共鸣基本功差的问题。

腔调太浓：属于舞台腔或模仿港台腔的问题。

重音错乱：属于粗心大意或理解能力不够的问题。

节奏不明：属于理解力或表现力差的问题。

语法不懂：属于断连和音变规律掌握不好的问题。

白字先生：属于不求甚解、粗心大意的问题。

（二）吐字训练的目的

要在四声准确的基础上达到高音不挤、低音不散、刚柔结合、控制自如的程度。在有声语言中，除非你有意不让对方听清楚，含糊其词地进行掩饰，或者饰演醉汉、智障者，否则你一定要清楚地说话，绝不能因为吐字不清使对方产生误会。朗读时，吐字更要清楚。

（三）吐字原理

注意汉语拼音元音、辅音的拼读规律。吐字发声时要喉腭舌齿唇相互配合；吐字讲究声母、韵母要相拼，字头、字腹到字尾的动程必须要准,要注意适当调整气息。把"葛优"发成"胳腰"、把"苹果"发成"皮骨"都会使人莫名其妙。

1. 吐字过程圆润完整。

汉字的拼读发音,一般由声母+韵母+声调构成一个音节。我们抛开声调,一个汉字的拼音构成,一般是声母+韵母;声母我们称为字头;韵母则多由介音+元音+尾音构成,其中韵母中发音响亮的元音之前的音为介音(如,i u ü),发音响亮的元音我们称之为字腹或韵腹,最后的尾音称字尾或韵尾。(有的字音无字头,如 er;有的无字尾,如 da)发音时,字头占用时值短,字腹占用时值长且要产生共鸣,字尾要归韵收音。具体指出字(咬字)准确有力(但口腔不可过紧),就是将字头咬清楚;吐字,将字腹(韵母中的元音)吐准,拉开立起,圆润饱满,口腔开合适度;字尾收音,就是将字音发完整,归音趋向鲜明,字尾弱收到位;整个的吐字过程应该呈"枣核"型,而非滚圆的珠子型。如"前"字"q"是字头,要咬准;"i"为介音,要摆好口形;"a"为元音是字腹,要拉开立起;"n"为尾音,弱收到位。"白"字"b"是字头,咬字发音,唇舌到位;"a"是字腹,吐字延音,拉开立起;"i"是字尾,收韵归音。

2. 注意汉语发音的四呼与音韵定型。

开口呼:无韵头,韵腹口形开着口(a o e an en ang eng),面部表情乐悠悠。齐齿呼:牙咬齐,面带微笑嘴角提(ian in iang ing ie ia iu),韵腹前面都有"i"。合口呼:口形收,好像吹着把气出(ua un uang ueng u ui uo),韵腹前面都有 u。撮口呼:口形撮,聚拢嘴唇把话说(ü üe üan üen üong),如同小孩把奶嘬。

吐字时,声母弹发,力度与清晰度结合;韵母拉开立起,圆润洪亮;归音饱满柔润,尾音轻短,完整自如;声调要抑扬顿挫,有韵律感。

（1）声母表（23个）

b　p　m　f　d　t　n　l
g　k　h　　　j　q　x
zh　ch　sh　r　z　c　s
　　　　y　　　w

（2）韵母表（24个）

单韵母（6个）

a　o　e　i　u　ü

复韵母（8个）

ai　ei　ui　ao　ou　iu　ie　üe　er

特殊元音韵母（1个）

er

前鼻韵母（5个）

an　en　in　un　ün

后鼻韵母（4个）

ang　eng　ing　ong

（3）整体认读音节（16个）

zhi　chi　shi　ri　zi　ci　si
yi　wu　yu
ye　yue　yuan
yin　yun　ying

3.防止语音间的粘连。

如：天安门（天门）、西安（先）、东直门（东尔门）、告诉你（告二你）。

4. 注意词的轻重格式。

一般双音节是"中重"格式：双音节第一个字发音短，第二个字发音稍重、稍长，如：北京、人民、广播。轻声则为"重中"，如：弟弟、去吧。三音节为"中轻重"或"中中重"，如：共和国、东方红、国务院。"中重轻"格式则一般第三字为轻音，如：打拍子、小姑娘、站不住。"中轻轻"格式一般为中心词在前，如：飞起来、投进去、哗啦啦、乐呵呵。

5. 注意"一、不"和三声连读的变调及轻声、儿化。

"一、不"是本调，变调规律要找到：去声前头变阳平，单用、词尾不变调；"一、不"若在词中间，应读轻声不可高；若是"一"后非去声，该读去声别乱跑。在发音时，上声连读，前一个字要变成阳平，如："美好""展览""窈窕"等，注音时注本音，发音时"美""展""窈"要变为二声。轻声、儿化要根据生活实际和上下文语言环境的要求加以体现。

6. 吐字训练。

（1）（双唇音 b p m）八百标兵奔北坡，炮兵并排北边跑，炮兵怕把标兵碰，标兵怕碰炮兵炮。

（2）（唇齿音 f）我们要学理化，他们要学理发，理化理发要分清，学会理化却不会理发，学会理发也不懂理化。

（3）（舌尖前音又称平舌音 z c s）早晨早早起，早起做早操，做操身体好。

（4）（舌尖中音 d t n l）白石塔，白石搭，白石搭白塔，白塔白石搭，搭好白石塔，白塔白又大。

（5）（舌尖后音又称翘舌音 zh ch sh r）史老师讲时事，常学常识长知识。时事学习看报纸，报纸登的是时事。常看报纸要多思，心里装着天下事。

（6）（舌面音 j q x）氢气球，气球轻，轻轻气球轻擎起，擎起气球心欢喜。

（7）（舌根音g k h）哥挎瓜筐过宽沟，赶快过沟看怪狗，光看怪狗瓜筐扣，瓜滚筐空哥怪狗。

附：练习

1.气息训练。

从一口气读一句，到一口气读两句，再到一口气读三句，最后一口气读四句。"鹅，鹅，鹅，曲项向天歌。白毛浮绿水，红掌拨清波。"（《咏鹅》骆宾王）

长句训练，一口气下来，不能中间换气，要求音高、音强、音长和音色的统一，不能前强后弱，前高后低，前明后暗；喉部要始终放松、通畅。"那次作伪证的意图是要从一个贫苦的土著寡妇及其无依无靠的女儿手里夺取一块贫瘠的香蕉园，那是他们失去亲人之后的凄凉生活中唯一的依靠和唯一的生活来源。"（《竞选州长》马克·吐温）

2.共鸣发声训练，体会胸腔共鸣发音的感觉。

有一句话说出就是祸，/有一句话能点得着火。/别看五千年没有说破，/你猜得透火山的缄默？/说不定是突然着了魔，/突然青天里一个霹雳/爆一声："咱们的中国！"//这话叫我今天怎么说？/你不信铁树开花也可，/那么有一句话你听着：/等火山忍不住了缄默，/不要发抖，伸舌头，顿脚，/等到青天里一个霹雳/爆一声："咱们的中国！"（《一句话》闻一多）

3.朗读诗句体会吐字归音的特点。

我爱家乡山和水，山清水秀实在美；果树满山飘芳菲，池塘清清鱼儿肥，风送谷香沁心扉，丰收美景诱人醉。发自肺腑唱一曲，歌声绕着彩云飞。

（注：朗读理论的后续内容见其他三册）

第1课 秋 天

|原|文|呈|现|

天气凉了,树叶黄了,一片片叶子从树上落下来。

天空那么蓝,那么高。一群大雁往南飞,一会儿排成个"人"字,一会儿排成个"一"字。

啊!秋天来了!

|文|本|简|析|

课文是一篇写景散文,选取天气、树叶、天空、大雁等物象,描写了秋高气爽、黄叶飘落、北雁南飞的景色,表达了作者对秋天的喜爱之情。

全文有三个自然段,每一段观察的角度、观察的对象各不相同:第1自然段以天气转凉、黄叶飘飞写出秋天的特征;第2自然段取仰视的角度,从天空的蓝和高以及雁阵飞行的方向和队形变化写秋天的特点;第3自然段用感叹句直接表达作者对秋天到来的喜悦之情。

|朗|读|指|导|

识字环节的朗读:教师做教学设计时,要关注到学生。第一遍,教师指导学生读字,学生独自朗读,画出自己不认识的生字;第二遍,要求学生结合拼音再自读,有不认识字的句子要读两至三遍;接着,同桌间每人一个自然段交换读两遍，重点听读音是否正确，错音字做好标记。此次出声的朗读可以增强学生读课文时的代入感和愉悦感，并在听读中帮助同桌读准字音。教师巡视，学生集中识字、写字，也可以随文识字、写字。

指导学生识字后朗读：立足对课文的理解，进而体会课文中所描写的秋天的特点，完成背诵指导。教师范读第1自然段，提醒学生关注"凉了""黄了""叶子"的发音，体会前重后轻的"轻声"读法，并引导学生找出后文"来了"，加以迁移体会，再指导学生把词放入课文中，朗读好相关的句子。教师范读第2自然段，强调学生重点关注"一"的变调，不必讲变调规则。之后师生对读，教师读前一句，学生读含"一"的后一句，体会发声中字的变调，感受课文的音乐之美。师生齐读最后一个自然段，强调读出两个感叹号所表达的赞叹之情。

指导学生在理解中朗读并完成背诵：借助第3自然段的感叹，探究作者这深深的赞叹之情的发端，顺势返到课文开始。从题目入手，借助秋天和春天、夏天、冬天在词语发声上的区别，帮助学生感受课文写的是"秋天"，以强调"秋"的重音，突出季节的特点。课文是从哪些方面突出秋天的特点的呢？让孩子们感受气温、树叶、天空、大雁在秋天呈现的特点，启发学生用重音强调"凉、黄、落、蓝、高、南、人、一"以传达秋天的特点，感受秋天的情趣；还可结合视频、图片、表演及对"那么"一词的理解，帮助学生加深对秋天的认识。在对秋天特点的体会中，让学生借助书中的句子想象自己所看到的景象，进而完成背诵。

在朗读中学习表达：在理解了课文，完成了背诵后，教师可以结合教材中的插图或给学生几幅秋天的画面，让学生看图说句子。例如，教师说："啊！秋天来了！"学生可以说："小松鼠换上秋装了，高粱的穗子发红了，秋风吹来了，各种颜色的菊花盛开了……"师生可以一起感叹："啊！秋天来了！"

| 教 | 学 | 建 | 议 |

《秋天》作为一篇写景散文，从北方秋天的特点入手，旨在引导一年级的小学生感受秋天，表现秋天。秋天是自然界的一个季节，它有着自己的特点，每个人都可以用自己的眼睛发现秋天的美，教师可以结合本地秋天的特点，引导学生认识身边的秋天，再引入课文。帮助孩子们认识课文写的是哪里的秋天，怎么写的，并在课文沈读和朗读中完成识字、背诵、训练表达的教学任务。最后，可结合授课中的板书引领，引导全班一起背诵课义。

第 2 课 小 小 的 船

| 原 | 文 | 呈 | 现 |

弯弯的月儿小小的船，
小小的船儿两头尖。
我在小小的船里坐，
只看见闪闪的星星蓝蓝的天。

| 文 | 本 | 简 | 析 |

富有儿童情趣的想象和语言的音乐性是课文带给我们的最大收获。作者叶圣陶先生从儿童的视角，以丰富的想象描绘出了晴天夜空

美丽的景象。诗中的孩子把弯弯的新月看作小船,联想自己坐到月亮船上去,在蓝天中航行,驶过星群,看望星星的情景,表现了孩子喜悦的心情,极富儿童情趣。

诗歌用词准确、语句生动,音韵回环、节奏错落,具有极强的音乐性,是培养儿童语感的极好材料。

朗读指导

阅读课文时,教师要借助富有儿童情趣的想象和语言的音乐性这两个突出的特点,从形象的画面入手,激活学生丰富的想象,引导学生感知"小船与弯月""碧海与蓝天""波光与星光"之间的关系;再配合音乐,把学生带入到诗歌描绘的美妙情境中去,通过有感情的朗读来感受、欣赏、认识语言的画面美和音乐美。

教师范读,学生听读。教师读的时候,为什么读(即目的)一定要鲜明;学生听的一定是教师读时重点强调的内容。在范读前,教师可以帮助学生理解作者的写作对象"月儿"与"小船"之间的相似点。这种引导,使学生结合个人的经历,引发联想——当你站在夜空下,抬头看晴朗的夜空,看到了什么?想到了什么?师生、生生对话交流。引导学生感知"小船与弯月""碧海与蓝天""波光与星光"之间的关系;然后听老师朗读,体会诗歌的作者叶圣陶先生的所见、所想,并画出老师重点朗读的词。诗歌要借助意象抒情,儿童诗也不例外,所以,教师朗读时"*月儿*""*船*""*星星*""*天*"这几个词要重点强调,同时"*尖*""*坐*"因为在韵脚上,也要作为重音,在强调意象的同时,也突出了诗歌的音乐美。这样,既强化了学生听的注意力,也训练了他们关注重点字词、提炼信息的能力。长期坚持,则在潜移默化中,引导学生学习诗歌时关注诗歌丰富的意象、和谐的韵律。

学生自读课文。教师可以借助投影把画好音步（用"/"表示音步）的诗歌呈现在大屏幕上。引导学生结合刚才画的重点词，读出顿挫舒缓的节奏，确定朗读的重音（用"·"表示重音）。

然后，帮助学生画出轻声词"月儿""船儿"，指导学生读出轻声。

最后，注意读好修饰性的叠词"弯弯的""小小的""闪闪的""蓝蓝的"。

这样，强弱的重轻音对比，加上顿挫舒缓的音步，节奏更加鲜明，形成了诗歌独特的音乐美，极具感染力。朗读时，要用喜爱、亲切的感情读出对月儿的爱，再配上轻柔的音乐，孩子们反复诵读，陶醉于诗的优美旋律，仿佛置身于美妙的夜空中。

接下来引导学生在朗读时变化重音，帮助孩子感受用不同的朗读方法，可以看到不同的画面。（这一点可以关注课堂进展，灵活安排）如：

弯弯的月儿 / 小小的船，（强调形状特点）

小小的船儿 / 两头尖。（承上继续突出形状特点）

我在小小的船里坐，（强调"我"的感受）

只看见闪闪的星星 / 蓝蓝的天。（突出"我"的感受和直观所见）

在朗读中，富有音乐性的语言变成了语言性的"音乐"，学生聆听着自己不拘形式的朗读的声音，想象着美妙的画面，真切地感受到了语言的美。久而久之，不但锻炼了学生的朗读能力，而且培养了学生对语言的敏锐感受。

| 教 | 学 | 建 | 议 |

低年级语文教材中，诗歌、儿歌等体裁的课文不仅用词准确、语句生动，而且音韵回环、节奏错落，具有极强的音乐性，是培养学生语感的极好材料。教师要利用其音韵鲜明的特点，引导学生通过朗读

来感受、欣赏、认识语言的音乐美。在课文讲解过程中也可结合汉语拼音第11课的《月儿弯弯》，引导学生建立前后知识的关联。教师可在指导朗读之后，让学生结合文中插图，背诵课文；也可指导学生画出画面，亦可运用多媒体展示画面，从形象的画面入手，激活学生丰富的想象，帮助学生建立起画面感，再配合音乐，把学生带入到诗歌描绘的美妙情境中去，从而完成课文的背诵。

第3课 江 南

| 原 | 文 | 呈 | 现 |

汉乐府

江南可采莲，
莲叶何田田。
鱼戏莲叶间。
鱼戏莲叶东，
鱼戏莲叶西，
鱼戏莲叶南，
鱼戏莲叶北。

| 文 | 本 | 简 | 析 |

课文是一首描绘江南采莲情景的汉乐府诗。汉乐府是汉初采诗制乐的官署，掌管郊祀、巡行、朝会、宴飨时的音乐，兼管采集民间歌谣，这些采集来的歌谣和其他经乐府配曲入乐的诗歌即被后人称为乐

府诗。课文用简洁的语言勾勒了一幅江南采莲时明丽美妙的画面，画面里既有荷叶茂盛的景致又有游鱼嬉戏的欢快，还暗示了采莲人划船技术的娴熟、船行进的轻快，以及采莲人身姿的轻盈、心情的欢愉。写人而不见人，但我们又如闻其声、如见其人、如临其境，让我们感受到了生机勃勃的青春与活力，领略到了采莲人内心的喜悦，这就是这首民歌不朽的魅力所在。

朗│读│指│导

《江南》是学生上学后学习的第一首古诗。教师在上课时，可以分这样几个步骤和学生学习诗歌并指导朗读。

首先，教师范读，学生听教师范读并试着画音步。教师范读时，让学生仔细听，借助《小小的船》画音步的方式，让学生试着在教师停顿处画一下音步。在范读完后，教师把画好音步的诗歌呈现在大屏幕上：

江南／可采莲，

莲叶／何田田。

鱼戏／莲叶间。

鱼戏／莲叶东，

鱼戏／莲叶西，

鱼戏／莲叶南，

鱼戏／莲叶北。

其次，学生自读，提出疑问。让学生在书上画好音步后，自己反复练习朗读，正如教参上所说：不求快，但要求准——读准字音。反复读几遍后，可以带领学生识字、写字。然后再读课文，同桌互听，有无读错音现象。同时让学生质疑，提出不懂的地方，教师记录归类。

第三步，师生释疑，再读全诗。师生间交流，明确"江南"是我国长江以南的地方，它的地理位置和气候特点等因素，使它成为物产富饶、美丽富庶的鱼米之乡。教师也可以结合图片或学生中有人能背诵描写江南的一些诗句，如白居易的《池上》："小娃撑小艇，偷采白莲回。不解藏踪迹，浮萍一道开。"杨万里的《晓出净慈寺送林子方》："接天莲叶无穷碧，映日荷花别样红。"帮助学生认识江南，了解"可"（适宜、正好）"田田"（形容荷叶挺立水面，饱满静秀的样子）的意思，感受"江南可采莲，莲叶何田田"的画面。教师用白话描述：江南又到了适宜采莲的季节了，莲叶浮出水面，挨挨挤挤，重重叠叠，迎风招展。学生用诗中句子接读："江南可采莲，莲叶何田田。"教师依据学生的疑问继续讲解，突出"鱼"和"采莲人"的关系。在层层叠叠茂密的荷叶遮挡下，岸上的人是看不见游鱼的。可是这几句里游鱼嬉戏的画面是谁看到的呢？引导学生想到采莲的人，进一步想到采莲人看到鱼儿嬉戏时的心情：茂密的荷叶，一定和莲子的丰收连在一起；丰收使采莲人高兴，心情愉悦；他们拨开荷叶还看到了欢快的游鱼，鱼儿围绕着荷叶向四面游动，无比畅快。采莲人撑着小船采莲，就像游鱼绕着荷叶嬉戏一样幸福开心。所以余下的五句，既写出了游鱼的活泼，也写出了采莲人的开心。教师引读：鱼儿们真是太开心了，你看他们在莲叶间不停地嬉戏追逐——学生接读"鱼戏／莲叶间"。教师强调：把那个能体现小鱼开心的字重读出来"鱼戏／莲叶间"。是啊，你看他们追逐嬉戏，一会儿嬉戏到了莲叶的东面——"鱼戏／莲叶东"，一会儿嬉戏到了莲叶的西面——"鱼戏／莲叶西"，一会儿嬉戏到了莲叶的南面——"鱼戏／莲叶南"，一会儿又嬉戏到了莲叶的北面——"鱼戏／莲叶北"，鱼儿多么开心啊！大家想想，那些采莲的人，他们能看到这样美妙的景致，一定是因为划船技术非常娴熟，小船航行非常轻快，采莲人身姿非常轻盈，心情非常愉快。在茂密如盖的荷叶下面，欢快的鱼儿不停地嬉戏玩耍。一会儿在这儿，一会儿又游到了那儿，说不清究竟是在东边，还是在西边，是在南边，还是在北边。现在把这几句合起来，要读出小鱼的开心，读出他们分别在哪些地方嬉戏了，最好也要读出采莲人的心情。（教师可以把画好音步、重音的诗文呈现在大屏幕上）

鱼戏 / 莲叶间。

鱼戏 / 莲叶东，

鱼戏 / 莲叶西，

鱼戏 / 莲叶南，

鱼戏 / 莲叶北。

请问：这美妙的采莲的情景发生在哪里呢？教师指题目，学生读"江南"。江南可以采莲时，那荷叶有多茂盛？鱼儿有多活泼？采莲人有多开心呢？读全诗。

最后，借助插图，指导背诵。读完了全诗，我们就不难想象江南有多美了。有人说：江南就是一幅大的水墨画。我们看课文中的插图，为插图配上刚刚学过的诗句。这样帮助学生把诗、画、情巧妙地结合在一起，完成了全诗的理解背诵。

教 学 建 议

本课的识字写字可以随文进行。对于诗句背后的画面，以教师讲解为主，学生则在朗读中理解。对于东、西、南、北几个方位词顺序的掌握，教师既可以帮助学生两两分组记忆"东—西""南—北"，又可借助汉语拼音的标调顺序做启发记忆：从发第一声的方位词"东—西"开始，然后才是发第二声和第三声的方位词"南—北"。在介绍江南地理位置时也可在大屏幕上放祖国的地图,让学生了解江南的位置在地图的下部,北京在地图的上部,进而了解"上北下南、左西右东",在学生利用课文插图背诵相关诗句时,教师顺势指着插图上"东—西、南—北"的位置,强化学生的记忆。

第4课 四 季

| 原 | 文 | 呈 | 现 |

草芽尖尖,

他对小鸟说:

"我是春天。"

荷叶圆圆,

他对青蛙说:

"我是夏天。"

谷穗弯弯,

他鞠着躬说:

"我是秋天。"

雪人大肚子一挺,

他顽皮地说:

"我就是冬天。"

▌文│本│简│析▐

四季，指一年中交替出现的四个季节：春季、夏季、秋季和冬季。大自然的变化，神奇有趣。要帮助一年级的小学生借助语文课认识四季，一定是有别于科学课的。课文是一首富有童趣的儿歌，通过选取四季中具有代表性的事物，春天的草芽、夏天的荷叶、秋天的谷穗、冬天的雪人，来表现春、夏、秋、冬四个季节的不同特征，也体现了每个季节的可爱之处。

课文采用拟人化的写法，既突出了四季的特点，又使儿歌充满儿童情趣；全诗分四节，前两节句式结构大致相同，后两节的句式结构大致相同，结构清晰；声韵和谐，尤其是叠词的运用，更增添了文本的音韵美。

▌朗│读│指│导▐

课文的朗读还是先从教师的范读入手，强化学生的语感。

第一步：教师范读，学生听读。教师范读时，要求学生认真倾听，听一听教师用重读字音的方法强调了哪四个季节。从而引出课题，强化课题与正文的关系。（教师重读："春天""夏天""秋天""冬天"）

第二步：引导学生，识字解词，自读理解。

1. 在听读找到了"春天""夏天""秋天""冬天"后，请学生自读课文，边读边画出不认识或不理解的字词，教师巡视时要注意统计，在依据学情指导识字的过程中，帮助学生弄懂不懂的字词的意思。

2. 把所认识的字词放回课文中再自读，待学生基本把课文读下来后，请他们思考：每一个季节作者都选了哪种代表性的事物？在书上画下来并用朗读的形式告诉大家。由此帮助学生建立草芽与春天、荷叶与夏天、谷穗与秋天、雪人与冬天之间的联系。教师可以重点指导学生体会第一节，然后请学生迁移运用，完成后文朗读。

3. **读好叠音，感受可爱。** 教师出示课文插图，标好停顿符号，引导学生通过想象在头脑中再现这些可爱的事物并读出自己看到这些可爱的事物时喜爱的心情，要读出"什么/怎么样"的感觉。在朗读中渗透对句子结构特点的理解。"草芽/尖尖"，"荷叶/圆圆"，"谷穗/弯弯"。（教师还可以依据学情，另备一些图片，引导学生用"什么/怎么样"的模式练习叠音的运用，体会语言的和谐美，感受事物的可爱。比如"阳光暖暖""秋叶飘飘""小河弯弯"……)

4. **读好人物语言。** 作者用拟人的修辞手法，赋予每一种事物以人的语言，为课文增添了生动性。每一节诗中有一句人物语言，每一句都在告知中充满自豪，其区别在于生命由弱渐强并走向成熟的过程。所以，读"我是春天"可以轻快中用虚声，表示生命成长的欢快与初生时的并不强壮。读"我是夏天"可以轻快中用实声，表示生命在成长中的逐渐强大。读"我是秋天"可以舒缓中用实声表示生命的成熟与沉稳。而与前文表示生命的成长不同，介绍冬天则使用了特写的方式，告诉小读者：冬天虽然有些寒冷，色彩也有些单一，但冬天也有独到的美，所以"一挺""顽皮"是读好"我就是－冬－天"的关键。"就是"表示比较强烈的肯定感，读的时候，可以用充分肯定、自豪并有点迫不及待的语气读出，并把"－冬－天"做重音延长处理。

第三步：全文朗读。教师把做好标志的课文在大屏幕上呈现，引导朗读全文。

第四步：借助填空或插图，引导背诵课文。背诵也是课文语言学习的训练点。教师可采用填空的形式，帮助学生认识：草芽与春天，荷叶与夏天，谷穗与秋天，雪人与冬天之间的关系。如：

_____ 尖尖，

他对小鸟说：

"我是_____。"

_____圆圆，

他对青蛙说：

"我是_____。"

_____弯弯，

她鞠着躬说：

"我是_____。"

_____大肚子一挺，

他顽皮地说：

"我就是_____。"

教师也可借助课文插图，引导学生背诵课文，最后达到教师一说题目学生就能背诵全文的目的。

教 学 建 议

课文中作者要说什么？一年有四季，每个季节都很可爱。用什么说？用儿歌，选取有代表性的事物。怎么说？用拟人的修辞手法，借助代表性事物的话语。这就决定了教师讲课的目标。所以，在每一个朗读环节，明确好读和教学目标的关系，朗读就不再是为读而读了。在儿歌中，第一、二节是谁对谁说，第三、四节是谁怎么说，还可让学生选取一个自己喜欢的季节，找一种有代表性的事物，模仿其中一节，试着说说那个季节的特点。

第5课 影 子

| 原 | 文 | 呈 | 现 |

　　影子在前，
　　影子在后，
　　影子常常跟着我，
　　就像一条小黑狗。

　　影子在左，
　　影子在右，
　　影子常常陪着我，
　　它是我的好朋友。

| 文 | 本 | 简 | 析 |

　　这是"想象"主题单元中的一篇课文。课文是一首只有两节的简短的儿歌，它用比喻和拟人的修辞手法，为学生介绍了日常生活中常见的生活现象：影子，用简短有趣的语言写出了影子和人（物）形影不离的特点，也写出了"我"对影子的喜爱之情。

| 朗 | 读 | 指 | 导 |

　　第一步：读题目，识影子。结合拼音，朗读课题，联系《秋天》中学习的轻声，强调读准轻声，教师范读，学生听读。什么是影子？教师可用学生喜闻乐见的形式帮助学生认识影子以及形成影子的条件，进而帮助学生认识：影子是生活中常见的一种光学现象，由于物

体遮住了光的传播，光不能穿过不透明物体因而形成了较暗的区域，就是我们常说的影子。影子的形成要具备光和不透明物体两个必要条件。在学生认识影子后，可指导"影"的识、写。

第二步：指导学生读出方位词，引导其理解影子和"我"的关系。利用教室的自然光线或者教师准备的图片，引导学生明确"前""后""左""右"的方位，教师一边朗读，一边用手势引导学生认识方位，再帮助学生确认影子与"我"的关系。比如：教师站在教室光线强的地方，背对光线，让学生用书中的语言读出"影子在前"，以此类推，用重音读出"影子在前，影子在后"，"影子在左，影子在右"，强调影子在"我""前""后""左""右"的方位，如此可以像做游戏般反复几次，让学生感受影子和"我"形影不离、形影相随的特点。

第三步：理解课文，读出喜爱之情。我们知道了影子形成的条件，也弄清了影子和"我"之间的关系，那怎么借助语言来表现这种形影不离、形影相随的关系呢？作者选取了生活中最常见以及和自己关系最密切的事物来打比方。

当"影子在前，影子在后"时，生读："影子常常跟着我，就像一条小黑狗。"是啊，形影相随，从不分离。在这两句话中哪些词可以表现出这种形影相随、从不分离的关系呢？请读出来。"影子常常跟着我，就像一条小黑狗。"师生对话。为什么强调"常常跟着"？引导理解"常常"：不论什么时间、不论什么地点，只要有光线的时候，影子就会"跟着我"。"跟着"的发音有什么特点？轻声。这又是一个轻声词语，什么情况叫"跟着"呢？明确后面相随才叫跟着，体会用词的准确。在这里，"影子在前，影子在后"，确实有和"我"前后相随的特点，所以用"跟着"表现影子和"我"的密不可分的关系，很准确。为什么把影子比喻成小黑狗呢？狗是孩子们熟悉的动物，它对主人的确有时刻追随的特点。从时刻追随的特点以及影子的颜色上看，作者的比喻非常恰当。全班再整体朗读第一节，读出影子与"我"形影相随的特点。"影子在前，影子在后，影子常常跟着我，就像一条小黑狗。"

教师根据第一节的处理，让学生迁移理解：影子在"左"和"右"的时候，作者怎么说？根据第一节的经验，这一节我们抓住哪些词语就可以理解整节诗的意思了？请朗读出来："影子在左，影子在右，影子常常陪着我，它是我的好朋友。"学生理解"常常"：随时随地。"陪着"读轻声，"陪"的意思是跟随在一起，在旁边做伴。生活中这样"常常陪着我"的影子，真的可以说"它是我的好朋友"。作者在这里又把影子与"我"形影不离的关系比喻成了好朋友和"我"的关系。现在，再把大家找的重点词放到第二节里，读出影子的特点。"影子在左，影子在右，影子常常陪着我，它是我的好朋友。"

第四步：可以组织学生进行全文朗读，明确影子和人物间的关系，抓住重点词，读出影子的可爱和主人对影子的喜爱之情。男女生分诗节互读，可以结合教室内实际的光线表演一下影子的位置，顺便完成课文的背诵。

教 学 建 议

讲解这首儿歌需要解决两个关键问题：什么是影子和学生对前、后、左、右等方位的准确认知。教师可以用手影、照片或视频导入此课，先帮助学生在直观上认识影子，了解生活中这种常见现象形成的条件：光及能挡住光线的物体。本儿歌虽然不是科学小品文，但是教师还是应该帮学生认识影子指的是什么：由于物体遮住了光线而形成的较暗区域，就是我们常说的影子。课文介绍的是人和影子的关系。重点讲解作者是怎样把影子介绍清楚的，体会课文中的主人和影子的关系，进而体会语言在表达上的魅力。

第6课 比 尾 巴

| 原 | 文 | 呈 | 现 |

谁的尾巴长？
谁的尾巴短？
谁的尾巴好像一把伞？

猴子的尾巴长。
兔子的尾巴短。
松鼠的尾巴好像一把伞。

谁的尾巴弯？
谁的尾巴扁？
谁的尾巴最好看？

公鸡的尾巴弯。
鸭子的尾巴扁。
孔雀的尾巴最好看。

| 文 | 本 | 简 | 析 |

课文以问答的形式介绍了六种动物尾巴的特点,既为学生打开了一个了解动物的窗口,又把一些表现事物特征的词语借助有趣的问答、和谐的旋律与节拍传达给了学生。学生采用朗读的形式,就能很好地掌握这些知识点。

| 朗 | 读 | 指 | 导 |

第一步:读题目。教师引导学生借助拼音读几遍课题,体会课题读音上的特点,"尾巴"读轻声。结合前面几课关于轻声的学习,巩固认识轻声发音的特点,再引导认识生字"比""尾""巴"。其中,"比"的读写,教师可结合字理识字法,帮助学生认读;引导学生认识把两个或两个以上的事物放在一起,找出其特点,才能叫"比",从而引出课文内容。

第二步:教师范读,学生听音。根据教师的朗读,学生听清每一个字的发音。教师先慢速朗读,有助于学生体会读音,并画出生字、词;因为课文中主要强调的是"谁"的尾巴及尾巴的特点,所以"谁"是主重音,在后文对应的回答中,动物的名称为主重音,每句结尾处表示其尾巴特点的词为次重音(在文字下面画横线表示次重音)。凡是询问的语气,语调要上扬体现出疑问感,画完生字词再听老师用正常的语速读一遍全文,之后再随文识字。

第三步:识字解词之后再读,指导同桌演读。识字后,先自读两遍(教师可在范读后把标有朗读符号的课文在大屏幕上显示出来)。之后,同桌演读前两节:"谁的尾巴／长?谁的尾巴／短?谁的尾巴／好像一把伞?猴子的尾巴／长。兔子的尾巴／短。松鼠的尾巴／好像一把伞。"把"长""短""伞"借助动作边读边表演出来,强化学生对这三个表示外形特征的词语的理解（其中"伞"的表演可以用双手模仿形状）。读后两节时，教师帮助学生明确，课文中介绍动物的尾巴时，只有介绍孔雀的尾巴是从颜色的角度介绍的，"最好看"（演读时可以伸大拇指），其余都是外形特点，都可以借助手势演读其特征。

第四步：全班学生演读问答，教师指导背诵。可以师生问答、生生问答、男女生问答，还可以借助文中的插图进行问答，直到熟读成诵。

| 教 | 学 | 建 | 议 |

在课文的学习中，除了要学生了解几种动物尾巴的特点，还要帮助学生认识表示尾巴特点的词语的含义及用法。所以，建议教师备课时搜集一些动物图片，在适当的时候让学生进行仿编和创编。亦可以拓展，让学生借助图片说说金鱼、燕子、啄木鸟、狐狸、袋鼠、壁虎等动物尾巴的特点和功用（为以后学习《小壁虎借尾巴》奠定基础），不一定押韵，能说一句完整的话即可。

第 7 课 青 蛙 写 诗

| 原 | 文 | 呈 | 现 |

下雨了，

雨点儿淅沥沥，沙啦啦。

青蛙说："我要写诗啦！"

小蝌蚪游过来说：

"我要给你当个小逗号。"

池塘里的水泡泡说:
"我能当个小句号。"

荷叶上的一串水珠说:
"我们可以当省略号。"

青蛙的诗写成了:
"呱呱,呱呱,
呱呱呱。
呱呱,呱呱,
呱呱呱……"

文 本 简 析

课文是一首轻快活泼的儿童诗,作者运用丰富合理的想象,借助学生熟悉的青蛙作为纽带,把几种常用的标点符号当作喻体,借助它们的外形特点和实际作用,组成了一首生动有趣的小诗。全诗不仅想象丰富而且朗朗上口,易于朗读。学习了课文,可用朗读来完成识字和对相关标点符号的识记。

朗 读 指 导

自然万物是学生观察的对象,也是帮助学生完成语言学习的载体。文题是《青蛙写诗》,通过教师提问谁做什么,指导学生读课题。青蛙在什么情况下,写了什么诗?这是令学生好奇的。哦,它是在下雨的时候，伴着雨声写了"呱呱"诗。自然界的雨声用什么词来描述？雨中的诗人——青蛙写诗的时候都有谁来帮忙？想想就很有趣。自然界的雨声"淅沥沥""沙啦啦"，青蛙是水陆两栖动物，很喜欢水，所以当雨水从天空飘落并且发出有节奏的韵律的时候，小青蛙忍不住要写诗啦。写诗，自然要用到标点符号，于是"小逗号""小句号""省略号"相继出场；而这些标点符号，需要学生借助形象、展开想象理解记忆。

朗读，读什么？读字（语音规范），读词（重点词），读情感（动作、节奏、情绪），读形式（结构）。从形式入手，全诗共分五个小节，教师范读的时候，让学生听一听老师是怎么区分诗节的。教师朗读时，可有意识地在诗节间停顿，学生就可以直观地感受到诗节间的停顿感。

讲解正文时，把重点字词和情感体验放在其中。"下雨了"，既是写实也是点明时间的节点。教师通过朗读，让学生体会青蛙写诗的想法是因为天下雨、听到雨点发出美妙的声音而产生的。"下雨了"，因为是叙述事实，可以用平实的语气，达到告知的目的。"淅沥沥、沙啦啦"，教师可采用轻读渐重的方式来帮助学生感受雨势逐渐增大，似乎雨的歌声由弱渐强，帮助学生感受这两个象声词表示雨势不很强烈但声音清晰可闻的状态，当然可以根据自己对自然界的认识和对上下文的理解读出雨势"逐渐增强"的感觉。以此帮助学生建立起借助声音传情的意识，青蛙感受到了雨点、听到了雨的声音，非常兴奋，便产生了作诗的想法。引导学生看课文中的插图，看青蛙的表情，体会青蛙的心情，引导学生读出"我要写诗啦"，想象出那是一种仿佛要告知周围、让周围都听到的兴奋，这时的语调是上扬的。在青蛙写诗的时候，都有谁来帮忙呢？它们都充当了什么角色呢？引导学生用重音读好重点字词"小蝌蚪、小逗号，水泡泡、小句号，一串水珠、省略号",并借助想象理解它们外形非常相似的关系,帮助学生记住这几个常用标点符号的特点。这里可采用分角色朗读的形式,让学生体会各个标点符号因为能帮青蛙写诗而自豪的心情,根据心情把句子读准、读顺、读出情感,引导学生在听读的过程中思考并感受:相同的意思可以用不同的词句表达的效果。教师还可以采用给课文填空的形式,让学生用重音朗读诗句中横线上所填的词语"小蝌蚪、小逗号,水泡泡、小句号,一串水珠、省略号",巩固学生对这几个事物间的联系的认识。

　　_____游过来说:
　　"我要给你当个_____。"

　　池塘里的_____说:
　　"我能当个_____。"

　　荷叶上的_____说:
　　"我们可以当_____。"

　　最后一节诗,引导学生找一找,在青蛙写好的诗中,"小蝌蚪、水泡泡、一串水珠"都在哪里帮上了忙,然后再体会青蛙的诗"呱呱"背后的含义,并告诉学生,我们在夸赞别人时经常会说"顶呱呱",帮学生认识"呱呱"在传情达意中的作用,从而体会并读出青蛙的喜悦、感谢之情。体会之后,可以师生合作朗读或演读(边表演边读)——教师有感情地读青蛙写的诗,读到"呱呱,呱呱",有逗号的地方,让学生插读,如"小蝌蚪游过来说:'我要给你当个小逗号。'"读到有句号之处让学生插读,如"池塘里的水泡泡说:'我能当个小句号。'"

以下类推……既巩固了对几种标点符号的认识，又在趣味表演中完成了对课文的再次朗读指导。之后，可以让学生齐读《青蛙写诗》，依照课文原文朗读，不再插读。

| 教 | 学 | 建 | 议 |

在学习过程中，教师不妨让学生借助拼音反复朗读，可以两个人一组，互听互读，分角色读，直到流利顺畅；而朗读的过程便是自主识字的过程，在此基础上再完成写字和讲读。

最后教师用语言引导，全班同学再整体朗读一下全诗。不一定要齐读，只要读出各自的感受即可。在师生多次有趣的朗读中，识字、儿化、生动地朗读课文、认识相关的标点符号的教学目标就完成了。

第8课 雨点儿

| 原 | 文 | 呈 | 现 |

数不清的雨点儿，从云彩里飘落下来。

半空中，大雨点儿问小雨点儿："你要到哪里去？"

小雨点儿回答："我要去有花有草的地方。你呢？"

大雨点儿说："我要去没有花没有草的地方。"

不久，有花有草的地方，花更红了，草更绿了。没有花没有草的地方，开出了红的花，长出了绿的草。

| 文 | 本 | 简 | 析 |

课文是一首富有儿童情趣的散文诗。它借助拟人的修辞手法,用简单易懂的儿童语言介绍了雨的来处;又通过下雨天大、小雨点儿在空中相遇时的对话,告诉了学生雨的去处;大雨点儿和小雨点儿对自己去处的不同选择看似矛盾,但都给大地带来了美好的变化。小雨点儿让花更红了,草更绿了,让大地的色彩更迷人;大雨点儿让大地开出了红花,长出了绿草。虽然他们各自的能力有大有小,但都尽心地为大地带来了新的生命和希望。课文节奏缓慢,符合儿童的思维特点,贴近学生自身的生活感受,充满童趣。

| 朗 | 读 | 指 | 导 |

课文的朗读指导,应该重点完成这样几个目标:指导学生读正确,读流畅,分角色朗读时语感好的同学要读出人物语言的自豪感。

读正确:读题目要读出并读准儿化音,以巩固之前所学的儿化知识:"雨点儿"。读课文,教师范读,学生标出生字生词。完成字词的学习后,读课文,理解课文。教师引导学生读第1自然段。教师要求:读出——什么、怎么样?帮助学生理解课文重点讲的是"雨点儿"在"飘落"过程中和"飘落"后发生的事。"数不清的雨点儿,从云彩里飘落下来。"理解"飘落"在这里指雨点儿飘浮下落的样子。自上而下,叫落,它不是疾雨、暴雨,而是可以润物细无声的小雨或细雨,力度不大,所以用了"飘"来修饰。在此基础上,再借助朗读"数不清的雨点儿,从云彩里飘落下来",引导学生理解"数不清"表示多、"从云彩里"表示雨点的形成地点是在云彩里。在潜移默化中,引导学生体会不同的朗读会有不同的表达目的(这也是个性化朗读的体现,当然,要视教学目标和学情而定)。

读流畅：重点读对话，这时分角色朗读就很重要了。帮助学生结合生活感受，明确大雨点儿和小雨点儿说话时声音上的区别。大雨点儿更沉稳一些，小雨点儿更活泼一些，还要体会它们自豪而不张扬的心情，在朗读时要达到自如地交流。教师可以分步要求：1.对话前面的叙述语要读出对话的双方是谁："半空中，大雨点儿问小雨点儿"。2.大雨点儿问话要体现出沉稳的声音特点：嗓音可以稍粗，语速可以稍慢，要突出问话者所问的关键词"哪里"，半空中，大雨点儿问小雨点儿："你要到哪里去？"。3.注意问句语调上扬，读出疑问感：半空中，大雨点儿问小雨点儿："你要到哪里去？"↗（用"↗"表示语调的上扬）三步指导之后，可以结合起来朗读一遍。之后，让学生学会迁移，完成对小雨点儿语音特点的表现：活泼，嗓音稍细，语速稍快；叙述语言语调要平稳（小雨点儿的回答），表示疑问的语句语调要上扬，回答的重点在"有花有草"，我要去有花有草的地方。→（用"→"表示语调的平行），询问的重点在"你"（你呢？↗）。大、小雨点儿去的地方不同，要借助重音朗读加以区别。如：小雨点儿回答："我要去有花有草的地方。→你呢？"↗依据前文大雨点儿沉稳的特点作答，要强调"大、没有花没有草"，读出这是谁的回答、回答的重点内容和自豪的语气。如："大雨点儿说：'我要去没有花没有草的地方。'"→指导学生自读，多读几遍，读准大、小雨点儿对话的特点，能够自如流畅地读出来。之后，可以问一下学生：大、小雨点儿回答的时候该带有什么样的心情？你能读出来吗？可以帮助学生强化、体会并读出自豪感。（这里的朗读指导，是供教师参考的，教师可以根据课堂情况适时点拨，不必处处落实）可以找三名基础好的同学，进行分角色朗读，读准，读流畅，读出情感。在大家读得较熟之后，再请不同层次的学生朗读。

结合大、小雨点儿语言的自豪感,引出它们的作用,进入第5自然段,要求学生借助朗读把他们的作用读出来。这里是个长句子,引导学生思考:读长句子该在什么地方适当停顿?强化逗号和句号的作用。如:"不久,有花有草的地方,花/更红了,草/更绿了。↗没有花/没有草的地方,开出了/红的花,长出了/绿的草。"

正确、流畅地朗读全文。同桌间自主分工、互换角色,进行叙述语言以及大、小雨点儿语言的分角色朗读,读顺全文。还可以一名同学做叙述语言的朗读,男生、女生分角色读;也可以全班同学读叙述语言,女生、男生分角色读。目的是帮助学生认识并感受:对话语言一定要自然、生活化,不能装腔作势、腔调感十足地朗读。

| 教 | 学 | 建 | 议 |

分角色朗读虽然在教材中是第一次强调,但是因为在前面朗读练习指导中已经涉及,所以不必在如何分角色上下功夫。同时,教师也可以根据学情,适当安排想象训练:大、小雨点儿说话前,心里会想些什么?到了他们想去的地方后,他们发现了什么,又是怎么做的?才最终产生了"有花有草的地方,花更红了,草更绿了。没有花没有草的地方,开出了红的花,长出了绿的草"的效果。

第9课 明天要远足

| 原 | 文 | 呈 | 现 |

翻过来,

唉——

睡不着。
那地方的海，
真的像老师说的，
那么多种颜色吗？

翻过去，
唉——
睡不着。
那地方的云，
真的像同学说的，
那么洁白柔软吗？

翻过来，
翻过去，
唉——
到底什么时候，
才天亮呢？

文 | 本 | 简 | 析

这是"儿童生活"主题单元中的一篇课文，是儿童文学作家方素珍创作的一首简短传神的儿童诗。全诗用短短的三个诗节，形象地描绘了远足前夜孩子翻来覆去、辗转难眠的激动心情。三个诗节中，叹词"唉"各出现一次，一次比一次加重语气，充分表明了孩子对明天远足的期盼之情。全诗最妙的地方在于，丝毫没有写远足的情景，却借助孩子的激动、兴奋、盼望之情，渲染了远足的魅力。

| 朗 | 读 | 指 | 导 |

读题目:"明天要远足"。通过读题目,教师帮助学生明确时间:明天;事件:将要长途步行。由此可以知道,正文写的一定是今天的事。

分节读正文。因为诗歌写的是远足前孩子期盼的心情,主要是心里所想,所以整体的朗读基调应该是舒缓的。

首先,教师范读时,要求学生画下轻声词:"地方""的""那么""吗""什么""时候""呢"。学生先重点听轻声,画完后自己试读。其次,教师讲解、学生体会短语的朗读:"那地方的海""像老师说的""那么多种""那地方的云""像同学说的""洁白柔软""什么时候",流畅地读这些短语,可以有效避免停顿不当和唱读。第三,师生合作,读重复出现三次的感叹词"唉",体会因为睡不着觉而逐渐增强的无奈与期盼;尤其"唉——"后面的长尾巴,叫破折号,它在这里表示的是叹气的声音长;同桌间互读。第四,教师引导学生读出问句的疑惑。"那地方的海,真的像老师说的,那么多种颜色吗?""那地方的云,真的像同学说的,那么洁白柔软吗?"因为是心中所想,故节奏舒缓中稍轻快,句末"吗"轻短而语调稍上扬。"到底什么时候,才天亮呢?"语气稍微加重,表现了孩子无奈而急切的心情。

朗读全文。结合前面四个单项的训练,教师进行范读,学生仔细体会。学生朗读时对于每一节的第一句,要一边表演,一边朗读;其他三个"唉",逐层递进;再读好短语和疑问句,进而完成背诵。

| 教 | 学 | 建 | 议 |

课文中所表现的是日常生活中常见的失眠现象,"翻过来""翻过去""唉——睡不着",源于心有所思。在进行朗读处理时,一定要激活孩子的生活感受:他们有没有睡不着觉的时候?想些什么?心情如

何?借助这种感受,主要由学生自己感悟、朗读,教师只做点拨。如果时间允许,还可做适度扩展。比如,在"真的像老师说的,那么多种颜色吗"后面想一想都有哪些颜色。这些颜色和生活中所接触的什么东西颜色相似?"真的像同学说的,那么洁白柔软吗?"想一想云的形状和自己看到它时的心情,还可以借助插图和教师所给图片仿说句子。睡不着时,大脑过度活跃,还可以想一想明天远足时自己会怎么做……总之体会感受与学习表达密切相关。

第10课 大还是小

原文呈现

有时候,我觉得自己很大。

我自己穿衣服的时候,我自己系鞋带的时候,我觉得自己很大。

有时候,我觉得自己很小。

我够不到按钮的时候,我听到雷声喊妈妈的时候,我觉得自己很小。

有时候,我希望自己不要长大。

更多的时候,我盼着自己快点儿长大。

文本简析

在儿童生活中,成长是一个绕不开的话题。课文紧紧扣住孩子成长过程中矛盾的内心世界:既"盼着自己快点儿长大"又"希望自己不要长大",站在孩子的视角,通过"有时候大"和"有时候小"的比较,使孩子感知成长，并在潜移默化中使孩子懂得如何"变大"。这是一篇极富儿童情趣的课文，每个孩子都希望自己快快长大，成为独立的人；但成长的过程中，又有许多力所不逮之处需要长辈呵护或帮助。课文内容与学生生活联系紧密，教师可以通过以读促悟、以读促思的方式，引导学生借助朗读提升表达能力。

| 朗 | 读 | 指 | 导 |

读题目："大还是小"，旨在帮学生认识"大"和"小"的含义，教师引导学生自主交谈对本课中"大"和"小"的认识。当体现在同一件事或同一个人身上时它指的是什么？在本课中，"大"既包含年龄上的长大、身体的增高，更包含能力的增强；"小"既指年龄小、个子小，也指能力弱。由此在和学生的交流中进入对课文的理解与朗读。

读结构：课文中三处用表示时间不确定的短语"有时候"串联起了全文，最后用相对确定的时间短语"更多的时候"来表达"我"的期盼，结束全文。

教师范读，学生听读。首先教师要读出结构层次感：其中第1、2自然段、第3、4自然段是解释说明的关系，第5、6自然段是相对关系；教师在范读时要借助停顿间歇的时长，把课文的三个层次段落间的关系读出来；然后教师再结合课文，按照三个段落层次引导学生理解、朗读课文。

在第1、2自然段中读"大"时，重点突出自豪感。把"有时候"用稍慢的语速读，以强调其告知感和回忆感；再把"很大"作为重音、语调上扬，以读出自豪感。读第2自然段时，要回答什么时候觉得自己"大"，所以要重点强调前两个"自己"，引导学生体会为什么这么读，感受独立完成某些生活中的事情时为自己能力强而产生的自豪感,并在第 2 自然段结尾时再次强调"很大"。

有时候-,我觉得自己很大。↗

我自己穿衣服的时候,我自己系鞋带的时候,我觉得自己很大。↗

第 3、4 自然段可以由学生根据前文的朗读指导,自己体会朗读处理。读"小"时,重点突出自己不好意思的失落感。然后把"有时候"用稍慢的语速读出来,突出其告知感和回忆感;用稍轻稍慢的语速读"很小",语调下抑表达小小的失落感。第 4 自然段整体的基调是舒缓稍降的,以表现自己需要帮助时的不好意思,暗示出希望自己长大、变强的心理。"够不到""听到雷声"是对自己需要帮助的时刻作具体说明,所以要加以强调。

有时候-,我觉得自己很小。↘(用"↘"表示语调的下抑)

我够不到按钮的时候,我听到雷声喊妈妈的时候,我觉得自己很小。↘

第 5、6 自然段,读出行文和感情相对的特点。教师要引导学生理解"我希望自己不要长大"和"我盼着自己快点儿长大"具体指的是哪些情况?体会自己享受"小"所带来的幸福时和感受到自己因为"小"带来的不便时心情的不同,认识为什么"更多的时候,我盼着自己快点儿长大"?根据表达目的的不同,朗读时可以有多种处理方法。如果是表示愿望和心理可以重点强调"希望""盼着",并把"不要""快点"处理成次重音:"有时候-,我希望自己不要长大。更多的时候,我盼着自己快点儿长大。"如果是突出"不要长大""快点长大"的相对感,可以在朗读时重点强调"不要""快点":"有时候-,我希望自己不要长大。更多的时候,我盼着自己快点儿长大。"不论哪种情况,教师都要引导学生认识:什么情况下"希望自己不要长大",什么情况下"盼着自己快点儿长大"。

读全文。可以采用同桌对读或男女生对读的方式,读出不同的时候不同的心情。

| 教 | 学 | 建 | 议 |

首先要帮助学生弄清"大"和"小"在课文中的含义,分别指什么;再紧紧依据课文的结构特点,帮助学生理清行文的思路,在理解文字的基础上体会内心的变化,再进行朗读。还可以请学生结合本身的实际情况,谈一谈什么时候感觉自己比较大,什么时候感觉自己比较小,以训练学生的表达能力。

第11课 项　　链

| 原 | 文 | 呈 | 现 |

　　大海,蓝蓝的,又宽又远。沙滩,黄黄的,又长又软。雪白雪白的浪花,哗哗地笑着,涌向沙滩,悄悄撒下小小的海螺和贝壳。

　　小娃娃嘻嘻地笑着,迎上去,捡起小小的海螺和贝壳,穿成彩色的项链,挂在胸前。快活的脚印落在沙滩上,穿成金色的项链,挂在大海胸前。

| 文 | 本 | 简 | 析 |

　　课文写小娃娃海边玩耍,展示儿童生活,是一篇语言优美的散文,

借助一个小的视角——项链，描绘一幅大画面：大海的美丽与孩子的开心。课文如同影视拍摄一般，第1自然段从大海远景切入，慢慢推至近景，逐一展现海边最富特色的大海、沙滩、海浪、海螺和贝壳，并对之作色彩描绘。第2自然段镜头又由近至远，逐一展现小娃娃海边嬉戏、捡拾海螺和贝壳做项链挂在胸前的画面；再远推至脚印、沙滩、大海的远景，构成了脚印是大海的项链的画面，很有层次感和动感。尤其对小娃娃动作的描写先后有序，从小娃娃胸前的项链联想到大海的项链，把小娃娃的脚印比作大海的项链，想象丰富，比喻准确，非常传神。作者构思巧妙，把从生活中捕捉到的美好画面加以诗意表现，表达了对人与自然和谐相处的美好画面的赞美之情，学生从中可以受到潜移默化的美的熏陶。

| 朗 | 读 | 指 | 导 |

朗读课文，宜用舒缓轻快的节奏，读出大海的美和孩子的开心。课文的两个自然段描绘的画面不同，朗读可略有区别。第1自然段主要写景，朗读情绪要饱满，读得可以舒缓一些。第2自然段主要写人，表现小娃娃在海边快乐嬉戏的场景，朗读的基调相对活泼、轻快。

读题目。学生根据拼音自由读，教师顺手在题目旁边标上问号，引起学生思考："项链"指什么？接下来，帮助学生认识"项链"这个词：指的是用金银、珠宝等制成的挂在颈项上的链条形状的首饰，有装饰作用，让戴的人看上去更好看、漂亮。一般，因为其好看、珍贵，北方人（特别是北京人），容易在口语中读成儿化"项链儿"。课文写的是不是这种项链呢？小娃娃"捡起小小的海螺和贝壳，穿成彩色的项链，挂在胸前"就是这种有装饰作用的可爱而珍贵的饰品，读这句时，句子中的"项链"可以儿化；但"快活的脚印落在沙滩上，穿成金色的项链，挂在大海胸前"。这又不单纯是那种"小而可爱"的饰品了，而是扮美大自然的，珍贵而好看的饰品了，读这句话时句子中的"项链"不可以儿化。所以在课文中，题目"项链"和大海胸前的"项链"尽量不读儿化音。

读课文：教师范读。第1自然段写海景之美，教师要满含喜爱之情，用舒缓的节奏朗读。这里的大海是后文孩子活动的背景，作者由远及近写来，朗读时也要声音渐强，读出变化；同时注意文中的大海、沙滩、浪花要作为领词处理，后面表现其特点的句子间最好连读，既体现句子间的关系又读出了有声语言音节的疏密之美。第2自然段写小娃娃之乐，呈现的是特写，宜用轻快的节奏突出画面感，注意动词间的连续性和灵动性。学生听读，感受画面的美好与小娃娃的快乐。

学生自读。先请学生标出第1自然段的三句话，帮助学生认识每句话分别写了大海、沙滩、浪花。请学生把它朗读出来并和大家交流：

大海，/蓝蓝的，又宽又远。沙滩，/黄黄的，又长又软。雪白雪白的浪花，/哗哗地笑着，涌向沙滩，悄悄撒下小小的海螺和贝壳。

作者写"大海、沙滩、浪花"时，分别写了他们什么样子呢？请朗读出来，要读出朗读者对这三个景象的喜爱之情。

大海，/蓝蓝的，又宽－又远（有赞叹感）。沙滩，/黄黄的，又长－又软（有陶醉感）。雪白雪白的浪花，/哗哗地笑着，涌向沙滩，悄悄撒下小小的海螺和贝壳（有欢快感）。

这一段由远景大海切入，慢慢推近至沙滩、浪花，用三句话分别描述了大海、沙滩和浪花的美。其中景色的描写中用了"蓝蓝的""黄黄的""雪白雪白的""哗哗地""小小的"这些叠音词。关于叠音词的朗读，学生在第四单元已经学习过，这里可以进一步巩固。这些词语既描绘色彩又有声音相和，同时使用了"又……又……"的句式表现风景的特点，既符合低年级学生用短句表达的言语习惯，又能让学生学习到语言描写的准确性、生动性。读的时候，可以结合大屏幕出示画面，让学生结合画面朗读。

第2自然段描绘的是小娃娃在沙滩上尽情玩耍的快乐场景。"迎""捡""穿""挂"等词有序地描写了小娃娃的动作，展现了小娃娃在沙滩上尽情玩耍的开心。其中这段两次出现"项链"一词，其意义并不相同。第一次出现"项链"一词，指的是小娃娃用海螺和贝壳穿成的挂在胸前的装饰品，即开篇读题目时感受的第一层含义；第二次是指小娃娃在沙滩上落下的脚印，像是给大海戴上了金色的项链。这需在多种方式朗读的基础上，引导学生思考、交流"大海的项链是什么"，结合插图，再次推进对"项链"一词的理解。段末用比喻的修辞手法，将小娃娃的脚印比作大海的项链，充分调动孩子的想象力。这时，教师可以在题目问号后面分别写上"海螺和贝壳""挂在娃娃胸前""金色的脚印""挂在大海胸前"帮助学生认识项链在课文中的含义。这一段的重音，可结合学生对课文的理解，灵活把握。

小娃娃／嘻嘻地笑着，迎上去，捡起小小的海螺和贝壳，穿成彩色的项－链，挂在胸前。快活的脚印／落在沙滩上，穿成金色的项－链，挂在大海胸前。

学生朗读完第2自然段，教师在题目后面加上感叹号，和学生一起感受"金色的项链"背后的开心和美好！

朗读全文：女生读第1自然段，男生读第2自然段，读一遍全文；教师可以出示大海及孩子在海边嬉戏的图片或视频，让学生夸夸自己眼中的大海，顺便完成课后第二题。

在此基础上教师结合课文插图或者在大屏幕上配一幅与课文内容相符的图片，指示不同的位置，引导学生按由远及近的顺序读第1自然段；再按由近及远的顺序读第2自然段，形成画面感和对作者写作顺序的认识。全班齐读全文。

教 学 建 议

从对"项链"的理解入手，既联系生活实际又紧扣课文主题，并完成了对课文中"项链"与人的关系、与大海的关系的认识。在理解过程中，各种形式的读强化了对文本中画面的层次感的认识，强化了读者对作者所表达的赞美人与大自然和谐共处的感情的理解。

第12课 雪地里的小画家

原 文 呈 现

下雪啦，下雪啦！
雪地里来了一群小画家。
小鸡画竹叶，小狗画梅花，
小鸭画枫叶，小马画月牙。
不用颜料不用笔，
几步就成一幅画。
青蛙为什么没参加？
他在洞里睡着啦。

文 本 简 析

这是"观察"主题单元中的一篇课文。课文融儿童情趣与科普知识为一体,借助事物某方面的典型特征来认识事物,进而感受观察的重要。诗中的"小画家"指的就是小鸡、小狗、小鸭和小马这四种动物。"画画"指的是他们在厚厚的雪地上留下的脚印。小鸡的脚印像一片片竹叶,小狗的脚印像一朵朵梅花,小鸭的脚印像一片片枫叶,小马的脚印像弯弯的月牙。小动物在雪地上留下的脚印不同,说明他们的脚爪的形状不同。课文中的最后两句写出了青蛙没有参加画画,是因为青蛙有冬眠的特点。课文语言生动活泼,文字既排列整齐又错落有致,气韵生动,是不可多见的美文。它以浅显易懂的语言,学生喜闻乐见的韵文体形式,描写了雪地里一群"小画家画画"的情景,字里行间流露出对小动物的喜爱之情。本课除了课文之外,还有一幅插图,图上画的是大雪天,小动物们从洁白的雪地上走过,留下一串串脚印,可以借助插图帮助学生理解、朗读课文。

朗 读 指 导

课文的朗读基调应该是轻快、柔和的。第一行是个感叹句:"下雪啦,下雪啦!"这是儿童看到下雪时兴高采烈样子的自然呈现。朗读时教师可以让学生联系生活经验或借助画面帮助学生加以体会,可启发学生回忆感受:下雪了,你们怎么做的?有什么心情?由此想象出"小画家"们和我们一样兴奋地跑向雪地,边跑边欢呼的情景,朗读时要把自己这种惊喜兴奋的心情表达出来。诗的第一行运用了反复的修辞手法,读这一句时,前一个"下雪啦"语音稍低,可表现看到雪景时的惊疑;后一个感叹句语音高一些、语调上扬,以表现确认下雪后的激动和欲告之人的喜悦。读第二行,视情况,处理重音:若根据上下文意,"小画家"应是重点强调的对象,可读重音;若帮助孩子理解"群"的含义,则可将"群"重读。读第三、四行的四个分句,语速可稍快，语调一起一伏，表现出生动活泼的"画画"场面。小鸡、小狗、小鸭、小马在雪地上快活地跑来跑去，留下一串串"竹叶""梅花""枫叶"和"月牙"，这些"小画家""画"了一幅十分美丽的雪地"画"，可适当用轻重不同的对比音突出不同动物画的不同图画，而节奏要读得轻快些。可以通过范读，让学生模仿着读出轻快活泼的语气。第五行要表现出"小画家"的自豪感，"不用颜料不用笔"，采用重音肯定的方式，强调"画"的神奇，再用重音突出第六行"几步就成"这个词语，以表现画得快而传神的特点；第五、六两行要联系紧密，用轻快的节奏读出来。最后两行要读出设问句和答句的不同语气，"为什么－"后声音稍延长以表现出思考的样子，"没参加"语调上扬以强化疑问感，下一句的回答，可以把一只手放在嘴边，神秘而轻缓地说出，"他在洞里睡－着－啦。"尤其"睡着啦"要读得轻松、稍慢，突出青蛙在冬眠我们不能打扰的情形。

朗读训练是语文教学的一项语言基本训练，它既是理解语言的有效手段，也有助于增强语感，发展语言。课文的内化是学生学习书面语言的主要途径，因此，教学时必须让学生结合生活去感受语言，强化语感，进而积累语言。一年级的学生正处在阅读的起始阶段，可借助色彩鲜艳的插图、动画、音像等手段把学生带入课文情境之中，使之产生好奇心、求知欲，特别是课文插图的利用，可使学生在积极主动的状态下去感受小动物的不同特点，从而产生真切的情感体验，才能读好课文；进而借助插图中的内容，引领学生读出课文对应的诗句，引导学生完成课文的背诵。

教 | 学 | 建 | 议

这是一篇富有儿童情趣且朗朗上口的儿童诗，本单元的主题是观察,因此,借助教材中的插图,引导学生学会观察便是很重要的着眼点。

教师讲解和指导朗读时,要激发学生的情趣,从观察入手,引导学生借助想象、带着童趣读出味道来。首先,教师范读,引导学生展开想象,在头脑中描绘出画面;其次可借助插图或多媒体课件,帮助学生理解诗句的意思,再读正确、读流利。另外,根据低年级学生的个性特征,也可以运用多种朗读形式让学生读出趣味,例如领读、轮读、边读边欣赏、边读边表演简单的动作、配着欢快的儿童舞曲读、边读边画画等等,激发学生充分表达内心情感的欲望,以收到激发感情进行朗读的效果。

第13课 乌 鸦 喝 水

| 原 | 文 | 呈 | 现 |

一只乌鸦口渴了,到处找水喝。乌鸦看见一个瓶子,瓶子里有水。但是,瓶子里水不多,瓶口又小,乌鸦喝不着水。怎么办呢?

乌鸦看见旁边有许多小石子,想出办法来了。

乌鸦把小石子一颗一颗地放进瓶子里。瓶子里的水渐渐升高,乌鸦就喝着水了。

| 文 | 本 | 简 | 析 |

这是一则寓言故事。课文以"乌鸦喝水"为线索,围绕"乌鸦口渴急着找水喝—喝不着水—想办法喝水—喝着水"这一系列变化过程,描写了一只遇到困难能仔细观察、认真思考、最终找到解决办法的乌

鸦。学习本文，可以启发学生认识到留心观察、积极想办法对解决问题的重要性。

朗 读 指 导

课文共三个自然段，按照事情的起因、经过、结果来安排：第1自然段写乌鸦找到水却喝不着，这是起因；第2自然段写乌鸦把小石子叼进瓶子里，这就是乌鸦喝到水的方法，这是经过；第3自然段写乌鸦喝到了水，这是结果。

课文第1自然段，写乌鸦"到处找水喝"，一方面说明乌鸦确实口渴得厉害，另一方面也说明水不容易找到，表现了乌鸦口渴的程度和找水的焦急心情。朗读第一句时，注意重音强调"口渴"，突出找水的原因，并用放慢语速的方式读"到－处"，表现经历了很长时间、到过很多地方，以突出找水之难。句子结尾语调下抑，表现心情的焦急、糟糕。"一只乌鸦口渴了，到－处找水喝。"↘就在不断地寻找中："乌鸦看见一个瓶子，瓶子里有水。"情况有了转机，语调可以稍稍上扬，特别是"看见""有水"这两个表现转机的关键词要重点强调。而且也正是因为"看见"这个表现其善于观察的动词的出现，才使事情有了转机："乌鸦看见一个瓶子，瓶子里有水。"↗就在有了转机的时候，情况又发生了变化："但是"可以语速稍快且虚声表示转折并与前句上扬的语调形成反差，"水不多，瓶口又小"，都是对"瓶子"的细节描写，"不－多""又－小"宜放慢语速强调，"水不－多，瓶口又－小"，宜语速平稳、语调稍抑，然后用较快速度又有些失望地读出"乌鸦喝不着水"，↘"喝不着"是一个阶段的结果，要重读。这也和第2自然段乌鸦看见许多小石子形成联系，因为"喝不着"所以还要继续观察、动脑筋：怎样才能喝到瓶子里的水呢？于是才有表现思考的一句话："怎么－办－呢？"为了表现乌鸦善于观察和思考，一定要放慢语速辅以虚声，表明在想办法。（结合下一句"想出办法来了"的"想"，教师可以在此启发学生找到问题的关键点，探究思考的方向，找到解决的办法。比如对环境的观察，环境中有哪些可以利用的因素）正是因为乌鸦善于观察才发现了小石子，"乌鸦看见旁边有许多小石子"，又由于善于思考，才想到了小石子与瓶子、水之间的关系，才有"想出办法来了"↗的高兴。这一句语速稍快，语调上扬，突出有办法后的兴奋。"想"出的办法是什么呢，乌鸦该怎么做呢？第3自然段中"乌鸦把小石子一颗一颗地放进瓶子里"。"一颗一颗"构成重复，说明乌鸦叼石子的不辞辛苦以及它是怎样才喝到水的：善于观察、积极思考、努力去做才能解决问题。"一颗一颗"与"渐渐"互相照应，写出乌鸦为喝到水而做出的努力，最后读出结果："乌鸦就喝着水了。"语调上扬，突出努力后让人高兴的结果。课文中乌鸦怎样才能喝到水，可以引导学生从课文中读出相关信息，并借助插图理解乌鸦喝水的办法。

学生自读，整体朗读全文，注意语调和语速，以读出故事过程中的变化。

教 学 建 议

课文很简短，信息量却很大。教师在指导朗读时，可以引导学生展开想象，联想到乌鸦不同情况下的心理活动，以此作为理解课文、朗读课文、感悟寓意的依据（尤其是乌鸦"想"办法的心理过程，要详细体会）。读的时候要根据事情的发展变化调整语调和节奏，把事情的变化过程读出来，从而体会观察、思考、行动的重要。

第14课 小 蜗 牛

│原│文│呈│现│

蜗牛一家住在小树林的旁边。

春天来了,蜗牛妈妈对小蜗牛说:"孩子,到小树林里去玩吧,小树发芽了。"

小蜗牛爬呀,爬呀,好久才爬回来。它说:"妈妈,小树长满了叶子,碧绿碧绿的,地上还长着许多草莓呢。"

蜗牛妈妈说:"哦,已经是夏天了!快去摘几颗草莓回来。"

小蜗牛爬呀,爬呀,好久才爬回来。它说:"妈妈,草莓没有了,地上长着蘑菇,树叶全变黄了。"

蜗牛妈妈说:"哦,已经是秋天了!快去采几个蘑菇回来。"

小蜗牛爬呀,爬呀,好久才爬回来。它说:"妈妈,蘑菇没有了,地上盖着雪,树叶全掉了。"

蜗牛妈妈说:"哦,已经是冬天了!你就待在家里过冬吧。"

│文│本│简│析│

课文是个有趣的童话故事,紧扣"观察"这一单元主题。故事中的蜗牛妈妈让小蜗牛到春天的树林里去玩,小蜗牛看到的是夏天的景色;蜗牛妈妈让小蜗牛到夏天的树林里摘草莓,小蜗牛却看到了秋天的景色;接下来蜗牛妈妈让小蜗牛去秋天的森林里采蘑菇,小蜗牛却看到了冬天的景色。课文运用夸张的修辞手法来描述故事的发展。借助小蜗牛先后三次去树林里的故事，帮助学生明白：仔细观察自然界的变化可以了解四季的不同特征，同时也认识了蜗牛爬得慢的特点。通过理解，学生还可以有其他收获：小蜗牛不厌其烦地爬行，让学生感受到了小蜗牛锲而不舍的精神，蜗牛妈妈的语言也体现了那份助力小蜗牛成长的隐形的母爱。

朗 读 指 导

课文朗读指导的核心点是读好人物对话，借助对人物对话的理解帮助学生认识季节的变化。课文不再全文注音，所以教师可以让学生先自读课文，画出生字词；然后小组分工合作，通过请教同学、查字典等方式完成大部分字词的识记；接着小组汇报，集中识字。

识字后，请学生继续自读，自读时画出小蜗牛语言中表现季节变化的词语，在朗读时读出来。这样既训练了学生提炼信息的能力，同时也告诉学生善于观察、抓住表现季节特点的词，对了解季节变化起着非常重要的作用。春天："小树发芽了"；夏天："小树长满了叶子，碧绿碧绿的，地上还长着许多草莓"；秋天："地上长着蘑菇，树叶全变黄了"；冬天："地上盖着雪，树叶全掉了"。

学生集中朗读交流，教师指导。叙述语言要自然平实，注意关键词；人物语言要个性鲜明：妈妈和蔼可亲与对小蜗牛的催促之感，小蜗牛的天真可爱与未完成任务的小失落以及季节的变化，都需要在教师指导下读出来。

"蜗牛一家住在小树林的旁边。"全句平实自然，"蜗牛"是课文的线索，作为主重音处理，"小树林"是故事发展的背景，作为次重音处理。

"春天来了，蜗牛妈妈对小蜗牛说：'孩子，到小树林里去玩吧，小树发芽了。'""春天""发芽"是表现季节及特点的关键词,要重音处理;"小树林"是小蜗牛活动的地点,是全文故事的背景,也要处理成重音。蜗牛妈妈的语言节奏可较轻快、声音稍虚,体现蜗牛妈妈心情的愉快和慈祥的母爱。

"小蜗牛爬－呀,爬－呀,好久才爬回来。它说:'妈妈,小树长满了叶子,碧绿碧绿的,地上还长着许多草莓呢。'""爬－呀,爬－呀",声音延长、节奏舒缓,表示时间之长,照应"好久",正是在这漫长的爬行时间里自然界的季节已经发生了变化。小蜗牛的语言,满含孩子的天真稚气,节奏轻快、语调上扬,表达了它对自然之美的感慨也暗示自然界的变化;其中"长满""碧绿碧绿""草莓"要作为暗示季节变化的重点词强调。

"蜗牛妈妈说:'哦,已经是夏天了!快去摘几颗草莓回来。'""哦"是叹词,表示领会醒悟,蜗牛妈妈听了小蜗牛的话,知道树林里的季节"已经是夏天了",重读"夏天"表示对季节变化的关注。"快去摘几颗草莓回来。"这句重读"草莓",既肯定了季节的变化,又表现出蜗牛妈妈对小蜗牛的引导很耐心,"快去"是次重音,语速要稍快,表现蜗牛妈妈对小蜗牛的催促。

后面的文字因为多数内容重复,教师可以指导学生自己体会:如何表现蜗牛妈妈、小蜗牛的语气,如何表现季节变化的特点。

"小蜗牛爬－呀,爬－呀,好久才爬回来。它说:'妈妈,草莓没有了'",↘(语调下抑,表示失望)"地上长着蘑菇,↗(语调渐上扬,表示变化)树叶全变黄了"。↗(语调上扬,揭示秋天的特点)这两句间的语调应该是曲折调。

"蜗牛妈妈说:'哦,已经是秋天了!快去采几个蘑菇回来。'"

"小蜗牛爬－呀,爬－呀,好久才爬回来。它说:'妈妈,蘑菇没有了，↘（语调下抑，表示失望）地上盖着雪，↗（语调渐上扬，表示变化）树叶全掉了。"↗（语调上扬，表示惊奇）这三句间可以用曲折语调，可以结合前文"发芽""长满叶子""全掉了"引导学生感受树叶变化和自然界季节变化的关系。蜗牛妈妈说："哦，已经是冬天了！你就待在家里过冬吧。"妈妈依然语调亲切慈爱，除去强调"过冬"这个核心词，还要注意"待在家里"是次重音，强调过冬的方式。

全文朗读：学生感受了人物语言的特点和季节的变化后，可以小组合作分角色朗读；也可以教师做叙述者，男生、女生分角色读。总之要读出人物的语气和季节的变化。

教｜学｜建｜议

课文的重点在于观察周围事物的变化，可以知道季节的变换；而理解课文的关键点在于对蜗牛爬行速度的认识。教师可以提前准备好蜗牛的图片或视频，亦可提前请感兴趣的学生预习，找一找有关蜗牛的资料，告诉学生：在所找的资料里只关注蜗牛的外形特点和爬行速度即可。这样，可以避免上成生物课。上课时，让学生明白：蜗牛是一种生物，它的外形特点是身背螺旋形的贝壳，爬行且速度极慢。也可以用歌曲《蜗牛与黄鹂鸟》帮助学生理解蜗牛爬行慢的特点。因为蜗牛的爬行速度非常慢，所以生活中形容人的速度慢常会说：像蜗牛一样；进而帮助学生理解，写蜗牛的慢可以用夸张、对比的手法。作者正是抓住蜗牛爬行慢的特点，借助小蜗牛的眼来观察季节的变化。用朗读的方式学习课文，引导学生借助对重点字词的朗读学习提炼信息；感受蜗牛的慢，认识季节的变化。朗读，是一种高效的教学形式。

二年级上册课文朗读指导

第1课 小蝌蚪找妈妈

| 原 | 文 | 呈 | 现 |

池塘里有一群小蝌蚪,大大的脑袋,黑灰色的身子,甩着长长的尾巴,快活地游来游去。

小蝌蚪游哇游,过了几天,长出了两条后腿。他们看见鲤鱼妈妈在教小鲤鱼捕食,就迎上去,问:"鲤鱼阿姨,我们的妈妈在哪里?"鲤鱼妈妈说:"你们的妈妈四条腿,宽嘴巴。你们到那边去找吧!"

小蝌蚪游哇游,过了几天,长出了两条前腿。他们看见一只乌龟摆动着四条腿在水里游,连忙追上去,叫着:"妈妈,妈妈!"乌龟笑着说:"我不是你们的妈妈。你们的妈妈头顶上有两只大眼睛,披着绿衣裳。你们到那边去找吧!"

小蝌蚪游哇游,过了几天,尾巴变短了。他们游到荷花旁边,看见荷叶上蹲着一只大青蛙,披着碧绿的衣裳,露着雪白的肚皮,鼓着一对大眼睛。

小蝌蚪游过去,叫着:"妈妈,妈妈!"青蛙妈妈低头一看,笑着说:"好孩子,你们已经长成青蛙了,快跳上来吧!"他们后腿一蹬,向前一跳,蹦到了荷叶上。

不知什么时候,小青蛙的尾巴已经不见了。他们跟着妈妈,天天去捉害虫。

文 | 本 | 简 | 析

这是"大自然的秘密"主题单元中的一篇课文,是趣味性很强的科普童话。内容生动、有趣,深受低年级学生的喜爱。课文中,一群天真活泼的小蝌蚪在寻找妈妈的过程中,慢慢变成了小青蛙,后来和妈妈一起去捉害虫。课文以童话故事的形式讲述了有关青蛙生长过程的知识,蕴含了观察事物要抓住特点全面观察的道理。

朗 | 读 | 指 | 导

课文情节生动有趣,语言优美,以对话为主,是进行朗读训练的好材料。在朗读训练中教师要注重让学生在读中悟情,重点在于关注小蝌蚪与鲤鱼、乌龟之间的对话。

课文的朗读可以分读题目和读正文两个板块,而读正文是朗读的重点。读题目是为了强化学生对文题的认识,帮助学生建立起文题和正文之间的联系。

读题目:谁?做了什么事?学生会根据教师提问语的不同,对"小蝌蚪""找妈妈"两个短语分别作为重点强调。这时,教师不妨进一步提示:我们把"小蝌蚪找妈妈"连成一句话来读,你会重点读哪个字?这个字一定是课文中作者要表现的核心。教师帮助学生感受"找",于是学生在朗读时会重点强调"小蝌蚪找妈妈"中的"找"。小蝌蚪怎么找妈妈的呢?由此引出课文的朗读指导。

读课文:第1自然段中体现小蝌蚪外形特点的词语要重读,如"大大的""黑灰色的""长长的"。教师可以提问:小蝌蚪外形是什么样子的?用朗读告诉大家。再要求读出小蝌蚪有趣、快活的样子,学生就会把"甩""游来游去"作为重点强调,尤其后一个短语,朗读时语速应该稍快,突出活泼、快活的特点。

第2至4自然段写小蝌蚪开始了寻找妈妈的过程。这个过程，是小蝌蚪不断成长、变化的过程。据资料记载：青蛙产卵后，卵要五到六天才能变成小蝌蚪，之后要经过大约两个月才能变成幼蛙。所以这个时间相对较长。第2至4自然段每一段的第一句"小蝌蚪游哇游"，为了强调他们找妈妈时间经历之长，就应该用延长语气的方式、采用一句比一句逐渐深沉的语调朗读，因为这样既能和小蝌蚪急切的心情形成对比，也能突出时间之长，还能暗示小蝌蚪的成长变化。

第2自然段开始有对话。读对话时，教师一定要帮助学生明确角色（谁说）和对象（对谁说），才能顺利达成怎么说（即传情达意）的效果。一群天真而又可爱的孩子般的"小蝌蚪"在"迎上去"向别人询问时会是什么语气？而这又是一群有礼貌的"孩子"，向长辈问话该是什么语气？小蝌蚪的话要读出孩子问话时那种希望得到帮助、天真而又有礼貌的语气，注意其中"我们的""哪里"要读重音，以体现小蝌蚪的急切。鲤鱼妈妈面对寻求帮助的天真、可爱又有礼貌的"孩子"会怎么回答？要读出长辈式的热情和亲切的语气。

第3自然段中的小蝌蚪"连忙追上去"尤其要读出小蝌蚪急于找到妈妈的迫切心情。急切的语气要读得高而快，体现小蝌蚪满心的期待。乌龟的话要读出和蔼、温和、沉稳、认真的语气。提醒学生注意提示语——"笑"，是亲切喜爱而不是嘲笑。乌龟笑着说："我不是你们的妈妈，你们的妈妈头顶上有两只大眼睛，披着绿衣裳。你们到那边去找吧！"学生在读时可能会出现一些分歧：有的学生认为应读得慢一点，声音粗一些，因为乌龟年纪大，是个慢性子，说话肯定速度很慢的；有的学生认为乌龟是一种温和的动物，说话时亲切一些，语气要和蔼一些，温柔可亲一些；有的学生可能认为乌龟是笑着说的，他觉得小蝌蚪居然会把自己当成了他们的妈妈，有点好笑，但乌龟肯定没有嘲笑小蝌蚪的意思,因为乌龟知道小蝌蚪的妈妈工作很忙,没有时间带孩子,小蝌蚪连自己的妈妈都没有见过呢,不认识也是正常的。所以,乌龟就笑着告诉小蝌蚪关于他们妈妈的信息。这些独特的情感体验都是可以成立的,它们反映了学生对文本的不同理解,是非常难能可贵的。这些意思要让学生理解,并通过朗读表现出来。

第 4 自然段中小蝌蚪"游过去"是成长后沉稳的小蝌蚪的样子啦,那他们眼中的妈妈是什么样子呢?描写青蛙妈妈外形特征的词要重读,可以和前文鲤鱼妈妈、乌龟所介绍的特征相互印证。

第 5 自然段中青蛙妈妈的话要体现出什么样的语气?是在什么样的表情下说的呢?引导学生把生活中的感受激活,加以体会和表达,就能感受到或表现出青蛙妈妈亲切和慈爱的特点以及对小蝌蚪成长的肯定、赞许之情。

读出感情是朗读训练中的难点,而要读出"情"必须先悟出情,《义务教育语文课程标准》指出:"阅读是学生的个性化行为。""但不应以教师的分析来代替学生的阅读实践",因此在朗读指导中,教师适当引导学生在把握自身角色和说话对象特点的过程中,要结合生活感受自己去理解、去感悟、去体会,并通过朗读表现出来。这样,朗读与生活、朗读与表达的关系就被学生认识到了。

| 教 | 学 | 建 | 议 |

课文虽然篇幅较长,但段落中大致内容相似,结构上基本一致。这个富于童趣的故事里除了小蝌蚪,还有鲤鱼、乌龟、青蛙,因此非常适合朗读。重点放在第二课时,在学生感知课文、识字写字之后,可采取表演的形式,让学生分小组、扮角色进行演读。自编自演,展示"迎"和"追"的动作,在情境中对话。比如一个同学做解说员,

读课文说明的部分。两个女同学分别扮演鲤鱼妈妈和小鲤鱼,一个男同学扮演乌龟,几个小个子同学扮演一群小蝌蚪。有条件的可做有关头饰。先给时间,让学生根据课文内容自己组织排练,再让学生自我展示汇报。老师要及时对学生(特别是对话部分)给予指导(语气:小蝌蚪天真、急切,鲤鱼妈妈亲切、热情,乌龟沉稳、认真,青蛙妈妈赞许、慈爱),再指导全体学生朗读体会。

第 2 课　我 是 什 么

| 原 | 文 | 呈 | 现 |

　　我会变。太阳一晒,我就变成汽。升到天空,我又变成无数极小极小的点儿,连成一片,在空中飘浮。有时候我穿着白衣服,有时候我穿着黑衣服,早晨和傍晚我又把红袍披在身上。人们叫我"云"。

　　我在空中越升越高,体温越来越低,变成了无数小水滴。小水滴聚在一起落下来,人们叫我"雨"。有时候我变成小硬球打下来,人们就叫我"冰雹"。到了冬天,我变成小花朵飘下来,人们又叫我"雪"。

　　平常我在池子里睡觉,在小溪里散步,在江河里奔跑,在海洋里跳舞、唱歌、开大会。

　　有时候我很温和,有时候我却很暴躁。我做过许多好事,灌溉田地,发动机器,帮助人们工作。我也做过许多坏事,淹没庄稼,冲毁房屋,给人们带来灾害。人们想出种种办法管住我,让我光做好事,不做坏事。

　　小朋友,你们猜猜,我是什么?

| 文 | 本 | 简 | 析 |

　　这是"大自然的秘密"主题单元中的一篇课文，是一篇关于"水"的科学小品文。学生虽然对水的三种形态：气态、液态、固态都不陌生，却不一定理解它们与水的内在关系和形成过程。课文用第一人称"我"的叙述方式，借助生动、形象、准确的语言，说明了水的多种变化以及汽、云、雨、雹、雪等自然现象的简单成因，而且还说明了水在地面上各个不同地方的不同形态以及水和人类生活的密切关系，从而启发学生去关注大自然，探究其奥秘。

　　课文采用了类似猜谜的表现形式。第一句话是中心，它告诉读者：水的形态是多变的。最后一句是设问句，点明了水是描述的对象，答案就是课文的内容，读完全文，答案就出来了。第1至4自然段分别描写了水在不同条件下、不同地点的状态、形状、动作、名称等，分别是气体状态：小水滴、云；固体状态：雹、雪；液体状态：雨水、溪水、江水、湖水、海水等。

　　因为必须用学生能明白的语言描述一种物质，所以课文就采用了拟人的修辞手法，用生动活泼的语言描述水的各种形态，用词准确。如雨的形状是"小水滴"，因而用了"落下来"描述它的动态；雹子的形状是"小硬球"，因而用"打下来"描述它的动态；雪的形状则是"小花朵"，因而用"飘下来"描述其动态；用"温和""暴躁"来形容水流的状态……这些词语的选择，不仅准确地说明了水的不同形态，而且生动形象，通俗易懂，充分考虑到了学生的接受能力。

| 朗 | 读 | 指 | 导 |

　　课文采用第一人称和类似猜谜的表现形式，增添了文章的亲切感和神秘感，把科普类的知识以生动的面孔呈现在学生眼前。借助朗读，

学生就可以提炼相关信息，理解水的相关知识。朗读时，教师要注意引导学生采用亲切活泼和略带神秘感的语气。

首先朗读题目："我是什么"，指导学生用上扬的语调和重音读疑问词"什么"，引起学生的思考。顺势用个大问号标在这个词的下方，从而引出对正文的理解——抓特点（关键词），找答案（水）。

教师可以先范读一遍课文，要注意根据文体特点采用亲切、神秘的语气和强调相关重音的朗读方式。学生借助听教师的朗读，总体感知一下全文。

之后，可以让学生逐段朗读课文，同桌互读，读出在什么情况下，"我"能变成"什么"，并画在书上。

朗读是低年级阅读教学的重要内容。教师在指导朗读时，应与词语教学结合起来，引导学生抓住能体现事物特点的关键词，读出来，以强化理解。比如，"我会变"是中心句，它告诉读者：水的形态是多变的。朗读时，把"变"用延长音呈现，以表现其神秘、自豪以及引起后文的作用。由此引起听众强烈的好奇心：会变成什么呢？根据文本内容，水在不同状态下，有不同的形态，那些表示状态和形态的词语，都是词语教学的重点，当然在朗读时也应以重音（重读）的形式读出来，以加深学生对文本内容的理解和对词语的记忆积累。

朗读第1、2自然段时，为了突出"我会变"的特点，可以把变成"汽""云"作为主重音突出强调，因为这是水存在的一种状态——"气体"状态；而"晒""升到天空""点儿""漂浮""白""黑""红袍"这些词或短语，是对"气体"状态的具体描绘，要处理为次重音；文中的"升到天空，我又变成无数极小极小的点儿，连成一片，在空中飘浮"，"点儿"与后文的"连成一片，在空中飘浮"是顺承关系，所以最好忽略掉两个逗号，自然地连读下来。

那么，第2自然段"我"在什么条件下又变成什么呢？在读"雨""冰雹""雪"时，作为主重音处理，这是"我"变的结果；"越升越高""越来越低"，"小水滴""落"，"小硬球""打"，"小花朵""飘"等词语或短语则根据表意的需要，或重读或轻读，以体现"我"变成不同事物的前提条件和作者用词的准确性。

不同的词语，在朗读过程中，重音的力度肯定也不一样，第3自然段，介绍"我"在大地上存在的最常态"液态"，读的时候，词语的轻重变化感会更明显。比如，"我在池子里睡觉"，池子里的水静静的，好像人睡着了一样。读"睡觉"的时候声音相对轻一些，以显安静和睡得香甜；"在小溪里散步"，"散步"是非常轻松、开心的，慢悠悠地溜达，重读的时候可以稍稍放慢语速，以显舒缓和悠闲；"在江河里奔跑"，是大步流星急速地跑，读"奔跑"的时候可以声音更大、速度略快，以显快速和兴奋；"在海洋里跳舞、唱歌、开大会"，应减缓语速，顿号停顿略短，连贯地、字字清晰地读出"跳舞、唱歌、开大会"，以显欢快和热闹。

第4自然段，写"我"对人类都做了些什么？结合"有时候……有时候"的句式，读出"温和"时，做"好事""灌溉田地""发动机器""帮助人们工作"；"暴躁"时，做"坏事""淹没庄稼""冲毁房屋""给人们带来灾害"。进而思考，人类对水的利用：人们想出种种办法管住我，让我光做好事，不做坏事（这一段结合前文内容，可以把"有时候……有时候"的句式加以巩固，认识"我"的多变，进而引出最后一个自然段）。

最后一个自然段，用神秘的语气读出："小朋友，你们猜猜，我是什么？"教师把学生的答案"水"写在题目旁的问号边上。

再引导学生回忆全文"水"的变化，在深入体会的基础上，带着对内容的理解把握好重音,再朗读全文。

教 | 学 | 建 | 议

低年级学生对说明文的语言会感到陌生,却能够被课文语言的亲切活泼所吸引。《义务教育语文课程标准》要求低年级学生"结合上下文和生活实际了解课文中词句的意思,在阅读中积累词语",因此本文的教学内容应定位于词语教学。教师带领学生品味课文词语使用的精准与生动,学习表示水的三种形态的词语,知道云、雨、雹、雪等自然现象都是水的不同形态,甚至可以将课文内容归纳成"水的三态变化"表:

条件	状态	地点	形状	动态	名称
太阳一晒	气态	在空中	极小的点儿	升	云
			白衣服	漂浮	白云
			黑衣服		乌云
			红袍		朝霞、晚霞
遇到冷空气	液态	从空中到地上	小水滴	落下来	雨
	固态	从空中到地上	小硬球	打下来	冰雹
			小花朵	飘下来	雪
在大地上	液态	在池子里	温和	睡觉	池水
		在小溪里		散步	溪水
		在江河里	暴躁	奔跑	江、河水
		在海洋里		跳舞、唱歌	海水

教师带领学生体会这些词语的生动与精准,就是引导学生理解课文内容的过程;指导学生在朗读课文时,读准这些词语的字音和重音,就是积累词汇、形成语感的过程。

教师还可以基于学情、借助所学的词语,引导学生展开想象,说说生活中他们了解的水还能变成什么。

第3课 植物妈妈有办法

| 原 | 文 | 呈 | 现 |

孩子如果已经长大,
就得告别妈妈,四海为家。
牛马有脚,鸟有翅膀,
植物旅行又用什么办法?

蒲公英妈妈准备了降落伞,
把它送给自己的娃娃。
只要有风轻轻吹过,
孩子们就乘着风纷纷出发。

苍耳妈妈有个好办法,
她给孩子穿上带刺的铠甲。
只要挂住动物的皮毛,
孩子们就能去田野、山洼。

豌豆妈妈更有办法,
她让豆荚晒在太阳底下。
啪的一声,豆荚炸开,
孩子们就蹦着跳着离开妈妈。

植物妈妈的办法很多很多,

不信你就仔细观察。

那里有许许多多的知识，

粗心的小朋友却得不到它。

文 本 简 析

这也是"大自然的秘密"主题单元中的一篇课文，是以自然常识为内容的诗歌。采用韵文的形式，运用比喻和拟人的修辞手法，生动形象地介绍了蒲公英、苍耳、豌豆三种植物传播种子的过程，同时告诉学生植物传播种子的方法很多，仔细观察就能得到更多的知识。语言亲切、优美、有趣，好读易记，是一篇百读不厌的科普作品。诗中把植物和种子分别当作"妈妈"和"孩子"来写，易于调动学生的阅读兴趣和观察探索大自然的欲望。这首诗的语言灵活多样。比如，同样是说种子离开植物妈妈，诗中就采用了不同的表达方式："孩子们就乘着风纷纷出发"，"孩子们就能去田野、山洼"，"孩子们就蹦着跳着离开妈妈"。此外，本诗自始至终押"a"韵，读起来朗朗上口。

朗 读 指 导

本课将自然知识寓于充满儿童情趣、富有韵律感的诗歌之中，浅显易懂。课文利用字音中韵母部分的重复，形成韵脚，自然产生节奏，如"大、家、法、娃、发、甲、洼、下、妈、察、它"。这种节奏可以把分散的声音组成一个整体，使人读前一句时预想到后一句；读后一句时回味到前一句，创造出回环押韵、抑扬顿挫的音乐美，可以加强诗歌的感染力和表达力，体现出一种悦耳动听、声情并茂的特色。在教学中，教师要注意激发学生的朗读兴趣，要引导学生充分地读，在读中感悟课文的节奏美、韵律美，了解课文告诉我们的科学知识。

课文可以采用"引读法"引导学生去朗读感受，几个长句子要给以指导，注意语意的停顿，如"孩子们就乘着风／纷纷－出发。""她给孩子穿上／带刺的／铠甲。""孩子们／就蹦着跳着／离开妈妈。"再如"植物妈妈的办法／很多－很多。""植物旅行／又用什么办法？"（这句话要怀着好奇的心情读出疑问的语气）

第 1 小节，教师可引导学生体会，如果自己长大了，要离开妈妈了，心情会怎样？虽然舍不得，但也会感到开心、高兴，因为长大了，不再依赖父母，可以勇敢地去外面闯世界，到广阔的世界去安家，这该是一件多么令人骄傲的事情！要把这种欢喜与快乐读出来，并且还要带有几分自信。尤其要用主重音强调"长大"与"告别"之间的必然性，读出肯定与自信的语气。再采用连读（忽略掉妈妈后面的逗号）顺势读次重音，读出长大的孩子该去哪（四海为家）。从而启发学生，长大的孩子就要有独立生活的能力。接着引出疑问："牛马／有脚，鸟／有翅膀，植物旅行／又用什么办法？"↗通过联想，用上扬的语调，怀着好奇的心情读出疑问的语气。

通过感受心情引导学生有感情地朗读课文，这是低年级语文教学中比较实用的一种引导方法。

是啊，牛马有脚，鸟有翅膀，而植物呢，没有脚，没有翅膀，它们靠什么旅行呢？不要担心，植物妈妈很聪明呢，它们有很多的好办法。这样过渡到了第 2 小节。

看看蒲公英妈妈有什么好办法吧！"蒲公英妈妈准备了降落伞，把它送给自己的娃娃。"这里要读出蒲公英妈妈对孩子满满的爱意。教师可以借助课文插图或多媒体手段，如给学生放映动画，让学生很直观地看到，那毛茸茸的"降落伞"乘着风一朵一朵出发了，体会蒲公英娃娃开心的心情。蒲公英的种子在蓝蓝的天空中飞呀飞呀，它们是多么的自豪啊，因为它们长大了，终于可以离开妈妈独立生活了。朗读时要注意读出它们欢快的心情。可以做吹蒲公英的动作，指导读"轻轻吹"——轻轻地读也是一种美。课文中把蒲公英比作了妈妈，把种子比作了娃娃，多亲切呀！所以这里应该读得轻一点，慢一点，想象那毛茸茸的蒲公英种子在飘荡……"只要有风／轻轻吹过，孩子们就乘着风／纷纷－出发。""纷纷"后面声音延长，表示蒲公英的种子很多，接二连三，持续不断。蒲公英种子本身像"降落伞"，再加上有"风"助力，就会"乘风"出发。这是"蒲公英妈妈"帮助孩子旅行的办法。

第3小节，苍耳妈妈也非常聪明，也有办法。她让孩子穿上带刺的铠甲，只要有动物经过，铠甲上的刺就会挂住动物的皮毛，孩子就可以被带到田野、山洼。低年级的学生由于年龄小，可能没有切身的体验，如果是城市的孩子，更少有机会观察苍耳。教师可用图片等资料让学生看看苍耳长满尖刺的外形特征。他们意会到这就是穿上带刺的铠甲，全身武装了。"苍耳妈妈有个好办法，她给孩子穿上／带刺的／铠甲。"利用这种释疑的教学方法，帮助学生弄懂了"只要挂住动物的皮毛，孩子们就能去田野、山洼"的意思。再把苍耳与古代的铠甲联系起来，体会苍耳的坚硬。同时学生也能体会出苍耳妈妈是多么有智慧，从而读出对苍耳妈妈的赞赏和敬佩之情。

把一个字读好了，有时就会使整句话或者这个小节熠熠生辉。学习了第4小节，学生就了解了植物传播种子的三种不同方法。蒲公英要靠风，也就是说有风的日子才能传播；苍耳要靠动物来传播；而豌豆呢，只要在太阳下一晒就能传播。可以让学生比比看，谁的办法最好，最容易？学生肯定会说豌豆的传播办法最好，因为诗中用一个"更"来说明豌豆的办法比其他两种好，所以我们读"豌豆妈妈更有办法"

中的"更"时一定要突出它，读重音。教师引导学生通过比较来领会豌豆的办法好，是在为学生铺路架桥，让学生自己发现并理解"更"的巧妙之处，从而充分体现学生的主体性。豌豆妈妈的妙法是什么呢？"她让豆荚晒在太阳底下。"这一晒，"啪的一声，豆荚炸开"，这是需要重点指导朗读的一句，象声词"啪"准确描摹了豆荚炸开的声音，要读得清脆、快速。出示这句话的同时，教师可以用大屏幕演示豆荚在太阳底下炸开的情景。然后让学生先听老师读，比较一下哪一种读法（①慢读：啪－的一声，豆－荚－炸－开；②较快读：啪的一声，豆荚炸开）好。学生自然会觉得快读的方法好，因为他们看到豆荚是一下子炸开的。试想，如果让学生回答"'炸'说明了什么，为什么用'炸'"这类问题，是很困难的。所以教师可以轻松巧妙地通过朗读去解决问题，不仅让学生懂得了"炸开"的意思，同时又让他们掌握了朗读的技巧。这时学生就会非常形象地感受到"孩子们就蹦着跳着离开妈妈"中那种"蹦着跳着"的情景：一方面豌豆的种子是圆形的，另一方面豆荚的炸开有一种爆破力，也写出了豌豆离开妈妈独立生活时那份成长的开心与自信。

第5小节讲植物传播种子的方法多种多样，课文介绍的只是其中的三种，自然界的植物不计其数，传播种子的方法难以一一列举，所以作者用叠词"很多－很多""许许－多多"来概括，在这里叠音词可以延长语音重读，以表现其多。作者还巧用了"不信"激起读者一探究竟的冲动："不信－你就仔细观察"，又用"粗心的小朋友却得不到它"提醒学生"只有仔细观察的小朋友才会得到有关植物的更多知识"。"不信"后面略作延长音、语调上扬；"粗心"可加重语气，是为了特意强调粗心的后果。这种正话反说的表达方式，更加耐人寻味，符合儿童的思维习惯。

《义务教育语文课程标准》要求:"阅读教学应注重培养学生感受、理解、欣赏和评价的能力。"以指导朗读为主线,读中感受,读中理解,读中欣赏,并且把多元评价贯穿于读的全过程,才能促进学生语文综合能力的提高。

教 | 学 | 建 | 议

课文是用拟人的修辞手法告诉我们科学知识的,并配有形象的插图,学生容易被吸引,理解起来也并不困难。教学时应在读中感悟的基础上,联系实际,创设情境,激发学生了解植物知识、探索大自然奥秘的兴趣,培养学生留心身边的事物、认真观察的好习惯。在教学中,尽量让学生朗读,让学生体会、思考、表达,给学生提供一个展示的平台,在学生需要的时候,适当点拨一下,巧妙引导。关键是要让学生在学习的过程中体验、感受各种植物传播种子的办法。教学中要让学生在充分朗读体验的基础上,引导学生自读自悟,尽量体现学生自主参与阅读实践的过程。朗读的方法也要多样化,自由读、指名读,男女生赛读、齐读,同桌互相读,教师范读、引读等,以读代讲,让学生在读中加深对课文的理解和感悟。

第4课 曹冲称象

原 | 文 | 呈 | 现

古时候有个叫曹操的人。别人送他一头大象,他很高兴,带着儿子曹冲和官员们一同去看。

大象又高又大，身子像一堵墙，腿像四根柱子。官员们一边看一边议论："这么大的象，到底有多重呢？"

曹操问："谁有办法把这头大象称一称？"有的说："得造一杆大秤，砍一棵大树做秤杆。"有的说："有了大秤也不行啊，谁有那么大的力气提得起这杆大秤呢？"曹操听了直摇头。

曹冲才七岁，他站出来，说："我有个办法。把大象赶到一艘大船上，看船身下沉多少，就沿着水面，在船舷上画一条线。再把大象赶上岸，往船上装石头，装到船下沉到画线的地方为止。然后称一称船上的石头。石头有多重，大象就有多重。"

曹操微笑着点了点头。他叫人照曹冲说的办法去做，果然称出了大象的重量。

文 本 简 析

这是"儿童生活"主题单元中的一篇课文。这是一个民间广为流传的历史故事，讲的是曹冲小时候动脑筋想办法，完成了一件非常了不起的事：称大象。课文通过对曹冲称象的具体方法和步骤的介绍以及与官员们的方法的对比，表现了他善于观察、头脑灵活、富于联想、大胆表达的特点。这个故事告诉我们，平时多观察，遇事多动脑筋，就能找到解决问题的好办法。课文情节曲折生动，引人入胜，语言通俗易懂。

朗 读 指 导

课文共有五个自然段，是按事情发展的顺序叙述的。第1自然段叙述曹操带领儿子和官员们去看别人送给他的一头大象，交代了故事发生的时间、涉及的人物和大象的来历。教师可启发学生用一种讲故事的口吻、娓娓道来的语气开启故事，吸引人们读下去。

第2自然段讲大象又高又大，官员们在议论大象的重量。"大象又高又大，身子像一堵墙，腿像四根柱子。官员们一边看一边议论：'这么大的象，到底有多重呢？'"课文用了形象的比喻来说明象有多么的高大粗壮。教师要提醒学生读的时候语调可轻微上扬，"高"和"大"要重读，以强调象的高与大。人们都想知道这么高大的象"到底有多重"，这里"到底"表示探究的意思，要重读，读出疑问和好奇的语气。

第3自然段讲官员们向曹操建议称象的办法：可以造一杆大秤来称。要注意读好官员们的问话。"有了大秤也不行啊，谁有那么大的力气提得起这杆大秤呢？"这个句子较长，要读好停顿，可处理成："谁有／那么大的／力气／提得起／这杆／大秤呢？"要用上升的语调读出反问的语气，体现出人们的质疑。"曹操听了直摇头。"这里"直"是一个关键词，其意思是一个劲儿；不断地，用得既简练又恰当，要加重读，读出曹操对官员们提出的办法不满意、坚决否定的感情。

第4自然段中曹冲提出了称象的办法。这段是本课的重点。"曹冲才七岁"，抓住关键字"才"，重读，以突出曹冲年龄之小——才七岁就敢站出来，并提出如此巧妙的方法，与官员们笨拙的称象方法形成鲜明对比。按理说，大人们的经验应该比孩子丰富，可偏偏是七岁的曹冲从官员们的议论中得到了启发，提出了称象的方法，着实让人赞叹。因此读的时候要带着惊讶、佩服的语气。曹冲讲述称象的办法，要读得缓慢而清晰，略带自信肯定的口吻，体现出曹冲的胸有成竹。要注意抓住几个表示称象顺序的词语，如"就""再""然后"，加重语气，体会用词的准确。

第5自然段："曹操微笑着点了点头。"这说明曹操认为曹冲的办法很好，要读出满意、欣慰的语气。"他叫人照曹冲说的办法去做，果然称出了大象的重量。"抓住关键词"果然",其意思是表示事实与所说或所料相符,读的语气要重一些,后边稍作停顿,表示事情结果如曹冲所料,用这种方法成功地称出了象的重量。要读得肯定,带着一种佩服和赞叹的语气。

| 教 | 学 | 建 | 议 |

课文第4自然段是重点段,也是需要学生重点理解的内容。教师可先让学生根据课文内容描述称象过程,然后再利用投影演示曹冲称象的全过程,让学生边看边结合课文内容叙述,帮助学生直观地观察和了解曹冲称象的步骤,进而体会曹冲的聪慧,以便更好地在理解中感悟体会,并借助朗读读出对文字的理解。

第5课 玲玲的画

| 原 | 文 | 呈 | 现 |

玲玲得意地端详着自己画的《我家的一角》。这幅画明天就要参加评奖了。

"玲玲,时间不早了,快去睡吧!"爸爸又在催她了。

"好的,我把画笔收拾一下就去睡。"

就在这时候,水彩笔啪的一声掉到了纸上,把画弄脏了。玲玲伤心地哭了起来。

"怎么了,玲玲?"爸爸放下报纸问。

"我的画弄脏了,另画一张也来不及了。"

爸爸拿起画,仔细地看了看,说:"别哭,孩子。在这儿画点儿什么,不是很好吗?"

玲玲想了想,拿起笔,在弄脏的地方画了一只小花狗。小花狗眯着眼睛,懒洋洋地趴在楼梯上,整张画看上去更好了。玲玲满意地笑了。

爸爸看了,高兴地说:"看到了吧,孩子。好多事情并不像我们想象的那么糟。只要肯动脑筋,坏事有时也能变成好事。"

文 本 简 析

这是"儿童生活"主题单元中的一篇结构简单、意蕴深刻的课文。课文告诉学生一个道理:"好多事情并不像我们想象的那么糟。只要肯动脑筋,坏事有时也能变成好事。"看,玲玲的画不小心被水彩笔弄脏,第二天就要参加评奖了,已经没有时间重画一张,玲玲着急地哭了。但是在爸爸的启发下,她灵机一动,在弄脏的地方添上了一只小花狗,不仅巧妙地掩盖了污渍,还给作品平添了几分家的温馨。学习本文,意在使学生感悟到只要乐观地对待生活,学会开动脑筋、解决生活中的一些小难题,坏事也可能转化为好事。

朗 读 指 导

学习这篇课文,教师可结合玲玲的心情变化点拨学生,通过人物的语言帮助学生理解课文内容,在理解的过程中,适时地抓住重点词句,增强学生的感悟。要抓住玲玲的情感变化——完成画作之后的高兴、得意,画被弄脏的伤心、焦急,巧添小花狗解决问题后的开心、满意,来品味、思索、感悟爸爸简短的话语中蕴含的深刻道理。要注意有感情地读出人物的心情变化。

第1自然段:"玲玲得意地端详着自己画的《我家的一角》。"重读"得意"，用次重音读"端详"，玲玲画好了准备参赛的画，很有成就感，朗读时要表现出玲玲仔细欣赏着自己的画作而感到十分满意的样子。为了更好地体会人物的心情，可让学生结合自己的生活体验，想想自己曾经引以为自豪和得意的事情，从而在情感体验的基础上读出得意的语气。

第2、3自然段爸爸来催促玲玲睡觉，爸爸的话要用关心、催促的语气来读。

第4自然段出现了突发事件，玲玲的水彩笔"啪"的一声掉到了纸上，把画弄脏了。"啪"要读得响亮而短促，就像屏幕上的特写镜头，突出其是"意外"发生的，令人始料未及。好不容易完成了一幅画，而且第二天就要送去参赛，却突然被弄脏了，能不让人着急吗？这一段要读出玲玲紧张、着急、伤心的感情，要启发学生结合实际，体会玲玲的伤心。

第5自然段爸爸的问话要读得亲切一些，读出长辈询问的语气。

第6自然段玲玲对爸爸的诉说要带着委屈和着急的语气去读，突出强调"脏了""来不及了"。

第7自然段爸爸没有表现得像玲玲一样焦急，要感悟大人处事的冷静，读的时候语速稍慢，沉稳一些，读出和蔼可亲的安慰语气。

第8自然段玲玲茅塞顿开，语调可轻微上扬，读出玲玲把坏事变成好事后的满意和喜悦的心情，用开心的语气来读。

第9自然段是课文主题的升华。爸爸看到玲玲成功地解决了问题，很欣慰，借此机会又语重心长地给玲玲讲述了一个道理。爸爸的话要读出高兴的语气。

教学建议

课文的故事情节比较简单,蕴含的道理也浅显易懂。重点是把课文读得正确流利,根据情节和人物心情变化,用不同的语气和表情读出人物对话。教师可有意识地让学生根据课文情景,结合学生的生活体验,体会人物的心理活动和感情。同时,要在感知课文内容的过程中领悟课文最后爸爸说的一段话的深刻含义。在朗读方式上可以先让学生自由读课文,然后在小组里扮演角色对读,再指名在全班朗读。教师按上述朗读要求予以随机指导。

第7课 妈妈睡了

原文呈现

妈妈睡了。妈妈哄我午睡的时候,自己先睡着了,睡得好熟,好香。

睡梦中的妈妈真美丽。明亮的眼睛闭上了,紧紧地闭着;弯弯的眉毛,也在睡觉,睡在妈妈红润的脸上。

睡梦中的妈妈好温柔。妈妈微微地笑着。是的,她在微微地笑着,嘴巴、眼角都笑弯了,好像在睡梦中,妈妈又想好了一个故事,等会儿讲给我听……

睡梦中的妈妈好累。妈妈的呼吸那么沉。她乌黑的头发粘在微微渗出汗珠的额头上。窗外,小鸟在唱着歌,风儿在树叶间散步,发出沙沙的响声,可是妈妈全听不到。她干了好多活儿,累了,乏了,她真该好好睡一觉。

| 文 | 本 | 简 | 析 |

　　这是"儿童生活"主题单元中的一篇课文,以儿童的视角,表现儿童的生活。课文是其中一篇浅显易懂的抒情散文,以一个孩子的口吻叙述了午睡时的所见所闻。通过生动形象的语言,描绘了睡梦中的妈妈:她很美丽,很温柔,也很劳累。课文所表达的是深深的母子之爱:孩子爱妈妈,是通过孩子观察熟睡中的妈妈来表现的;妈妈爱孩子,是通过孩子观察时的想象来反映的。课文的语言流畅自然,不使用华丽的辞藻,也没有刻意雕琢的痕迹,但是给人亲切温暖的感觉。

| 朗 | 读 | 指 | 导 |

　　课文字里行间都流露出深切的母子之情,因此,教学这一课应重在引导学生以读为本,以情为线,感悟亲情。教师在教学中,可通过学生的自主体验,让学生逐步学会以语言文字为依托,联系生活经验发挥想象,在字、词、句、篇的联系中揣摩词语句子所表达的内涵,体会课文内在的思想感情,领会作者的意图。让学生在理解的基础上进行有感情地朗读。

　　首先读题目。声音一定不能太大,"睡了"轻轻地读,有一种生怕吵醒妈妈的感觉。

　　第1自然段中的"妈妈哄我午睡的时候,自己先-睡着了"也要轻一点儿读,"先"要用延长音特意强调,正因为如此,孩子才得以仔细观察妈妈。

　　第2自然段写"睡梦中的妈妈真美丽"。睡梦中妈妈的样子要用轻柔的语气读,满怀爱意。抓住描写妈妈美丽的相关词句:"明亮的眼睛""弯弯的眉毛""红润的脸",这几个短语要读得语气稍重一点儿,以突出妈妈美丽的样子,想象孩子在读这些句子的时候,该是多么自豪!

第3自然段主要写睡梦中的妈妈好温柔。教师可让学生想象睡梦中妈妈的温和模样(微微地笑着),声音依旧不能太大,要轻柔地去读。"在睡梦中,妈妈又想好了一个故事,等会儿讲给我听……"这是孩子的想象,体现出了妈妈对孩子的爱。此时也可让学生联系自己的生活经验讨论:连睡着的时候都想着孩子,那妈妈平时会怎么样?你的妈妈又为你都做过些什么?可能学生会说平时妈妈也总给我讲故事;妈妈平时总给我做饭;妈妈每天送我上学;生病时妈妈照顾我;等等。孩子们在交流中,会真真切切地感受到妈妈是真的很爱自己的儿女。

第4自然段中的"沉"这个词对于低年级学生来说理解上有一定难度,对于"呼吸沉"的理解应联系上下文,可以从"汗珠"引入妈妈累了,怪不得妈妈呼吸的程度那么深。这里注意指导长句子的朗读停顿:"她乌黑的头发/粘在/微微渗出汗珠的/额头上。"让学生带着问题"妈妈为什么睡得那么沉"去读课文,去感知妈妈的"累"。可以问问学生,通过仔细读课文,从哪句话就能读出妈妈的累?从"她干了好多活儿,累了,乏了",看出妈妈很累;从窗外的小鸟唱歌的歌声、刮风的沙沙声妈妈全听不到,看出妈妈睡得很沉,妈妈很累。然后再紧紧抓住"好多活儿"进行生活拓展,引导孩子想想妈妈一天里可能干了哪些活。学生在交流中会进一步体会妈妈的辛苦劳累,从而带着一种对妈妈体贴心疼的满满的爱意去朗读。

另外课文中有很多由"的、地、得"组成的偏正式短语,教师要提醒学生注意这些助词,要读得轻而短,一带而过,不能拖音。

教 | 学 | 建 | 议

由于课文内容和语言都比较浅显,对于学生来说理解不会有太大困难，重点应放在引导学生感悟文中所表达的情感，体会母子之间满满的爱。可联系学生的生活实际，在授课之前，给学生布置一些观察妈妈的作业，可以观察妈妈做饭、洗衣服、陪自己写作业等，课上再引导学生谈谈对于观察到的这些有什么感受。孩子一下子就明白了，这是一种真切的母爱，是妈妈疼爱自己的表现。同时也可以告诉学生：其实，你这样认真地去观察妈妈，并能感受到妈妈的爱，也是爱妈妈的一种表现。这样学生就能更深切地理解文中的词句，感悟文本中作者真情的流露。有了一定的情感铺垫，再让学生去朗读课文，把课文中的妈妈当成自己的妈妈，把自己对妈妈的感情通过朗读传达出来。学生有感而读，感情自然流露，读出来也自然充满深情。

第11课　葡　萄　沟

原｜文｜呈｜现

　　新疆吐鲁番有个地方叫葡萄沟，那里出产水果。五月有桑葚，六月有杏子、无花果，到了七月份，人们最喜爱的葡萄成熟了。

　　葡萄种在山坡的梯田上。茂密的枝叶向四面展开，就像搭起了一个个绿色的凉棚。葡萄一大串一大串地挂在绿叶底下，有红的、白的、紫的、暗红的、淡绿的，五光十色，美丽极了。要是这时候你到葡萄沟去，热情好客的维吾尔族老乡，准会摘下最甜的葡萄，让你吃个够。

　　收下来的葡萄有的运到城市去，有的运到晾房里制成葡萄干。晾房修在山坡上，四壁留着许多小孔，里面钉着许多木架子。成串的葡萄挂在架子上，利用流动的热空气，让水分蒸发掉，就成了葡萄干。

这里生产的葡萄干颜色鲜，味道甜，非常有名。

葡萄沟真是个好地方。

文 本 简 析

这是"家乡"主题单元中的一篇课文，描写了新疆吐鲁番风景秀丽、瓜果飘香，展示了葡萄沟的地方特色，让我们感受到了祖国山河的秀美和民族风情的淳朴。全文共有四个自然段。第1自然段介绍葡萄沟在什么地方，列举了葡萄沟盛产的水果。第2自然段描述了种在梯田里的葡萄成熟前后的迷人景象以及那里的老乡热情待客。第3自然段介绍未运到城市的葡萄被制成葡萄干，葡萄沟的葡萄干非常有名。第4自然段赞美"葡萄沟真是个好地方"，总括全文。课文第2自然段是本课朗读训练的重点。

朗 读 指 导

课文用生动形象的语言描写了葡萄沟是个好地方，中心是赞美葡萄沟。教师要指导学生把握朗读的基调应该是充满喜爱和称赞的。

第1自然段："五月有桑葚，六月有杏子、无花果，到了七月份，人们最喜爱的葡萄成熟了。"引导学生读出十分喜爱、富于变化的语气。"五月有桑葚"读得自然平和，稍强调一下"桑葚"；"杏子、无花果"中间适度停顿，语速适中，音调可一高一低；"最喜爱的葡萄"中要重读"葡萄"，"成熟了"语调上扬，体现出丰收的喜悦之情。

第2自然段告诉学生葡萄种在梯田上。第一句中的"梯田上"要有意识强调。第二句："茂密的枝叶向四面展开，就像搭起了一个个绿色的凉棚。"语速可稍慢，注意"凉棚"重读。这个句子比喻茂密的葡萄枝叶展开后像搭的凉棚，说明葡萄长势非常喜人。教学时可借助课文中的插图,指导学生观察想象,理解"茂密""展开""绿色的凉棚"的意思。可让学生想象一下,在烈日炎炎的夏季,当你来到葡萄沟,来到这茂密的枝叶搭起的一个个绿色的凉棚下,你会有什么感觉?一定是凉快的、惬意的。所以要带着舒畅的心情读句子。"葡萄一大串一大串地挂在绿叶底下,有红的、白的、紫的、暗红的、淡绿的,五光十色,美丽极了。"从"一大串一大串"中可以看出葡萄不仅长得好,而且数量多,获得了大丰收,一串挨着一串地挂在葡萄架上,使人眼前仿佛看到了那"五光十色"的葡萄在阳光的照射下,晶莹剔透,实在是惹人喜爱,更让人垂涎欲滴。其中表示颜色的短语,虽然用顿号隔开,但是读的时候为了不读散,可以分两组:"有－红的、白的、紫的"忽略掉顿号连读,"暗红的、淡绿的"也连读,这样可以使语言疏密有致;读时语调要高低有致,富于变化,语速可稍稍加快。"五光十色"宜重点强调,理解这个词语可以帮助学生感受到葡萄品种多、颜色美,而且晶莹剔透、品质极佳(在学生先理解的基础上,再放照片或视频,帮助他们认识"五光十色"),能把葡萄种得这么好,也说明维吾尔族老乡的勤劳和智慧。成熟后的葡萄这样美,更要读出喜爱、赞美的语气。"极了"——美到极点,要加重语气。教师可指导学生反复朗读,在具体的语言环境中去理解,也可结合插图引导学生边观察,边体会:葡萄的长势这样喜人,又丰收在望,人们心里一定非常高兴,要把这种喜悦的心情读出来。"要是这时候你到葡萄沟去,热情好客的维吾尔族老乡,准会摘下最甜的葡萄,让你吃个够。"维吾尔族老乡是怎样招待客人的呢?"准会":一定会。"准会"是主重音,语气读得稍重,表示肯定。这句话中需要作为次重音把握的词语有"热情好客""最甜"和"吃个够"。"吃个够"说明葡萄多,想怎么吃就怎么吃,想吃多少就吃多少,更说明维吾尔族老乡的热情与好客。这句话要用热情的语气,读出"人情美"。

这么多的葡萄吃不了怎么办?维吾尔族老乡不仅勤劳,而且智慧。他们可以把一部分葡萄制成葡萄干。这一段学生通过朗读就能明白葡萄干的制作过程(教师可借助图片或视频帮助学生认识"晾房"),而葡萄干的颜色和味道又一次证明了葡萄长势好、品质好,也证明了维吾尔族老乡的勤劳智慧。读的时候语速适中。

是啊,葡萄沟的葡萄长得枝叶茂密,结得又多又好,再加上热情好客的维吾尔族老乡让我们吃了个够,"葡萄沟真是个好地方"。我们为祖国有这样的地方而感到高兴自豪,课文最后这一句可引导学生从头回忆一下葡萄沟的特点,带着喜悦的心情,用深叹般的语气读"真是",进而把发自内心的自豪与赞美之情读出来。

教 学 建 议

这篇课文对学生来说属于比较新颖的题材,很多学生不一定去过新疆,所以对课文中描写的某些事物会缺乏感性认识。教师可适当借助多媒体手段帮助学生进入良好的情境,直观地理解课文内容。教师可引导学生步步深入地读,启发学生由浅入深地感悟,从而获得审美体验。

低年级学生形象思维能力强,但文学语言是间接性的,是靠语言文字塑造形象抒发感情的,而要使小学生通过文字来体会文中的美景美情,先得尽量让学生把书中描绘的画面与具体形象联系起来,增强文字的形象性才能吸引学生,让学生渴望去读。比如借助歌曲和视频可以给学生营造一个色彩缤纷、声情并茂的教学环境。当学生看到硕果累累、五光十色、晶莹剔透的葡萄的画面出现在眼前时,一定会情不自禁产生真美、真香、真想吃一口的愿望。教师再让学生带着这种情感在反复诵读中悟出葡萄沟之美。

由于学生没见过晾房,对第3自然段介绍葡萄干的制作过程很难理解。针对学生提出的问题,教师可采用议读形式,先质疑再读文。也可播放"葡萄干的制作"视频片段,直观形象的制作过程会使学生豁然开朗,也有助于学生进一步体会葡萄沟的美好,领悟作者对葡萄沟的热爱,对祖国的热爱。

第12课 坐井观天

原|文|呈|现

青蛙坐在井里。小鸟飞来,落在井沿上。

青蛙问小鸟:"你从哪儿来呀?"

小鸟回答说:"我从天上来,飞了一百多里,口渴了,下来找点儿水喝。"

青蛙说:"朋友,别说大话了!天不过井口那么大,还用飞那么远吗?"

小鸟说:"你弄错了。天无边无际,大得很哪!"

青蛙笑了,说:"朋友,我天天坐在井里,一抬头就能看见天。我不会弄错的。"

小鸟也笑了,说:"朋友,你是弄错了。不信,你跳出井来看一看吧。"

文|本|简|析

这是"思维方法"主题单元中的一篇课文,是一则寓言故事,根据《庄子·秋水》相关内容改写。课文通过青蛙和小鸟对天的大小的争论，阐明了一个深刻的道理：思考问题和认识事物眼界要开阔，才能正确全面地认识事物和反映问题，否则就会像青蛙那样目光短浅，眼界狭小，犯了错误还自以为是。现在，人们就用"坐井观天"这个成语比喻目光狭小、见识短浅，而又自以为是的人。课文共有七个自然段，第1自然段交代了青蛙和小鸟所处的位置。第2至7自然段都是青蛙和小鸟的对话。青蛙和小鸟因天的大小发生争论，青蛙坚持认为自己是正确的，小鸟请青蛙跳出井口看一看天到底有多大。

| 朗 | 读 | 指 | 导 |

本课的重点是指导学生读好青蛙和小鸟的对话。总体来说，青蛙的话要用自信、傲慢的语气来读，表现出他自以为是的心理状态。小鸟的话要用劝告、诚恳的语气，读出他很耐心地摆事实、讲道理的特点，表现出它实事求是的诚恳态度。

第1自然段用讲述的语气、舒缓的节奏朗读，告诉听众故事发生的背景。这里需要强调一下"井里"和"井沿上"以表示后文的内容与"井"的关系。

第2自然段中青蛙首先向小鸟提出了问题："你从哪儿来呀？"这里要读出疑问句上扬的语气。"哪儿"读儿化音，因为这个疑问代词是疑问句的核心词，读得要稍重一点儿。

小鸟回答说："我从天上来，飞了一百多里，口渴了，下来找点儿水喝。""天上"重读，强调小鸟与天空的关系；"一百多里"是一段很长的路程，在这里说明天很大，小鸟飞了很远，也要强调重读。"找点儿"要读儿化音。

青蛙说："朋友，别说大话了！天不过井口那么大，还用飞那么远吗?"这里要把几个关键性的词语"别""井口""那么远"重读。青蛙很诧异,不相信小鸟说的话,认为它是吹牛,文中用的是感叹号,读的时候语气要强烈一些,"别"要读出否定的口吻。"还用飞那么远吗?"语调上扬,读出强烈的反问和不相信的语气,读的时候也要体现出青蛙坚信自己的判断,自以为是的样子。同时教师也可以变换一下句式:"天不过井口那么大,不用飞那么远。"让学生用自己理解的语气朗读出来,教师帮助学生体会反问句语气的强烈。

小鸟是怎么回答青蛙的呢?小鸟说:"你弄错了。天无边无际,大得很哪!"这里要抓住关键词"无边无际"。可向学生解释"无边无际"是没有边际的意思,形容天非常大。为了让学生更好地理解"无边无际",可以通过图片、动画等形式给学生以直观感受,如无边无际的沙漠、无边无际的海洋、无边无际的草原、无边无际的天空等,来拓展学生的思维,营造一定的情境,使学生能在具体情境中,理解"无边无际"的内涵。教师再因势利导,指导学生有感情地读出小鸟很认真且赞叹天很"大"的语气。可以配合肢体动作来朗读,读出感叹的语气。注意这里的"得"和"哪"都要读轻声,"无边无际""大"和"很"应重读,以强调天的大。

第6自然段和第7自然段分别写青蛙和小鸟都笑了。但他们的笑意味是不同的。要让学生感受出来,读的时候体现出来。青蛙的笑说明他依然盲目地自信,听不进小鸟的话。他相信自己的判断,理由是"天天"坐在井里,"天天"要读得重些,以示强调。"一抬头就能看见天"这里用了关联词"一……就",要重读;"我不会弄错的"中的"不会"也要重读,依然要读出青蛙自信、肯定、自以为是的语气。"朋友,我天天坐在井里,一抬头就能看见天。我不会弄错的。"小鸟为什么笑了呢?他是笑青蛙眼光太狭窄,只能看到井口那么大的一小片天，还自以为是，不承认自己的看法有错误。"你是弄错了"中的"是"在这里是表示强调的词，要重读，读出肯定的、毋庸置疑的语气。"不信，你跳出井来看一看吧。""跳出井"可以重读，强调青蛙要了解井外的世界，才能知道世界有多大。全句要读得婉转一些，要读出很善意地劝告的语气，突出表现小鸟很有耐心、很乐于帮助青蛙。

教│学│建│议

对于二年级学生来说，正确理解课文中的这则寓言的寓意还是有一定难度的。教师应该给学生大量的时间充分地读，在读中整体感知，在读中有所顿悟，在读中培养语感。要注意抓住课文中的关键词，放手让学生自读自悟，充分发挥学生丰富的想象力，从而促进学生深刻地理解寓意。

根据寓言故事的特点及本课的语言特色，教学中应以青蛙与小鸟的三次对话为线索，以读代讲，以读促学，让学生在读中悟情明理。低年级学生喜欢直观、形象、生动的画面，为贴近学生实际，可采用丰富多彩的教学手段，如画简笔画、播放幻灯片或录像片等，激发学生的学习兴趣；还可以让学生展开想象，结合生活实际谈谈青蛙跳出井口以后发生了什么，以此作为拓展练习。

第13课 寒 号 鸟

原│文│呈│现

山脚下有一堵石崖，崖上有一道缝，寒号鸟就把这道缝当作自己的窝。石崖前面有一条河，河边有一棵大杨树，杨树上住着喜鹊。寒号鸟和喜鹊面对面住着，成了邻居。

几阵秋风，树叶落尽，冬天快要到了。

有一天，天气晴朗。喜鹊一早飞出去，东寻西找，衔回来一些枯草，就忙着做窝，准备过冬。寒号鸟却只知道出去玩，累了就回来睡觉。喜鹊说："寒号鸟，别睡了。天气暖和，赶快做窝。"

寒号鸟不听劝告，躺在崖缝里对喜鹊说："傻喜鹊，不要吵。太阳高照，正好睡觉。"

冬天说到就到，寒风呼呼地刮着。喜鹊住在温暖的窝里。寒号鸟在崖缝里冻得直打哆嗦，不停地叫着："哆啰啰，哆啰啰，寒风冻死我，明天就做窝。"

第二天清早，风停了，太阳暖暖的，好像又是春天了。喜鹊来到崖缝前劝寒号鸟："趁天晴，快做窝。现在懒惰，将来难过。"

寒号鸟还是不听劝告，伸伸懒腰，答道："傻喜鹊，别啰唆。天气暖和，得过且过。"

寒冬腊月，大雪纷飞。北风像狮子一样狂吼，崖缝里冷得像冰窖。寒号鸟重复着哀号："哆啰啰，哆啰啰，寒风冻死我，明天就做窝。"

天亮了，太阳出来了，喜鹊在枝头呼唤寒号鸟。可是，寒号鸟已经在夜里冻死了。

| 文 | 本 | 简 | 析 |

课文是围绕"思维方法"这一单元主题编排的一篇广为流传的童话，其语言生动而富于节奏，叙述了喜鹊和寒号鸟对待"做窝"的不同态度和不同结果，说明了懈怠懒惰、得过且过是没有好结果的。课文旨在告诉学生：美好的生活只有靠勤劳自勉才能获得。

| 朗 | 读 | 指 | 导 |

  教师首先告诉学生要把"寒号鸟"读正确,强调"号"是个多音字,在这里表示哭叫,读第二声。

  课文的第1自然段告诉学生:寒号鸟和喜鹊是邻居。这是故事的开始,要读出"故事味"。读的时候,指导学生读好句子和句子之间的承接:"山脚下有一堵石崖,崖上有一道缝,寒号鸟就把这道缝当作自己的窝。"第一个分句中的"石崖",就是第二分句的起始,一个分句连着一个分句,可采用连读的形式,要读得顺畅。"石崖前面有一条河,河边有一棵大杨树,杨树上住着喜鹊。"这里的上承下接就要读得更顺畅,几乎可以不停顿,让人听起来觉得非常顺畅自然,娓娓道来,能够吸引学生迫切地想知道接下来发生了什么。

  课文第3自然段描述喜鹊做窝部分的内容为"喜鹊一早飞出去,东寻西找,衔回来一些枯草,就忙着做窝,准备过冬"。这部分要读得积极、清爽、紧凑,音调稍高,表达出对喜鹊勤劳的赞美之情。"寒号鸟却只知道出去玩,累了就回来睡觉。"这部分的叙述,就可以读得拖沓、萎靡、略带不满,表达对寒号鸟这种行为的鄙视。接下来开始了喜鹊和寒号鸟的对话。喜鹊第一次非常关心地劝告寒号鸟,说明喜鹊是非常善良和热心的,要读出喜鹊的善意,用很诚恳的语气去读。

  可是"寒号鸟不听劝告,躺在崖缝里对喜鹊说"中的"躺"要读得重一些,突出寒号鸟的懒惰。他认为喜鹊很烦很傻,读他对喜鹊说的话时可以有气无力地去读,带着一点悠闲懒惰的语气,体现出寒号鸟对喜鹊的话不屑一顾。

  冬天真的来了,寒风呼呼地刮着,寒号鸟冻得直打哆嗦。读的时候可让学生想象一下冻得发抖的感觉,课文中形容寒号鸟是"不停地叫着:'哆啰啰,哆啰啰,寒风冻死我,明天就做窝。'"可以读得夸张一点,用颤抖的声音来读,体现哆嗦的情态,也要读出寒号鸟稍微醒悟了的感觉。

第二天,天气回暖,喜鹊第二次来劝寒号鸟,讲出了现在不做窝的危害,这次喜鹊已经有一点着急了:"趁天晴,快做窝。现在懒惰,将来难过。"读的语气要加重一些。喜鹊真是一个善良、热心帮助他人的好邻居。可是寒号鸟显然已经忘了前一天挨冻的经历,依然不听劝告,还伸了伸懒腰——这里要读出懒洋洋的感觉。"傻喜鹊,别啰唆。天气暖和,得过且过。"这两句要读出他在生活上"得过且过"的态度,而且语气要更加不耐烦,甚至有点发脾气,语调可稍高,显示出他嫌喜鹊太啰唆很讨厌。

寒冬腊月,大雪纷飞,北风呼啸,可引导学生想象寒号鸟在冰天雪地里发出最后"哀号"时的凄惨样子。这时他应该是觉悟了,要读出寒号鸟不断哀号的感觉:声音由高到低,由大到小,由急到慢,直至消失……最后一个自然段,虽然太阳出来了,应该给人以温暖,可是寒号鸟再也不会出现了。这里语气要放低沉一些,带着惋惜的语气去读。

| 教 | 学 | 建 | 议 |

课文中对话较多,可采用分角色朗读的方式,分为寒号鸟、喜鹊、叙述者。叙述者要用一种讲故事的口吻去读。寒号鸟的话,就读得像寒号鸟一样,懒懒的,没什么力气,得过且过;喜鹊的话,就读得像喜鹊一样,充满朝气,具有生命活力。为了让学生更好地体会角色,理解故事所蕴含的道理,可以让学生设身处地地想一想,"劝告者"与"被劝告者"各自应该是什么样呢?可以结合自己的生活体验思考:例如,喜鹊劝告寒号鸟,不就是一个积极向上、热心助人的人劝告一

个得过且过、消极懒惰的人吗?结合日常生活中遇到类似情景时的感受,自然就可以读出喜鹊劝告时的真诚相待、苦口婆心;读出寒号鸟不听劝告时的自以为是、高傲固执。这样读起来就会让人有一种似曾相识、感悟深刻的感觉。

第14课　我要的是葫芦

|原|文|呈|现|

　　从前,有个人种了一棵葫芦。细长的葫芦藤上长满了绿叶,开出了几朵雪白的小花。花谢以后,藤上挂了几个小葫芦。多么可爱的小葫芦啊!那个人每天都要去看几次。

　　有一天,他看见叶子上爬着一些蚜虫,心里想,有几个虫子怕什么!他盯着小葫芦自言自语地说:"我的小葫芦,快长啊,快长啊!长得赛过大南瓜才好呢!"

　　一个邻居看见了,对他说:"你别光盯着葫芦了,叶子上生了蚜虫,快治一治吧!"那个人感到很奇怪,说:"什么?叶子上的虫还用治?我要的是葫芦。"

　　没过几天,叶子上的蚜虫更多了。小葫芦慢慢地变黄了,一个一个都落了。

|文|本|简|析|

　　课文是一篇寓言故事,立足于"思维方法"这个单元主题,以葫芦的变化为线索讲述了一个可笑的故事:一个种葫芦的人不知道叶

和葫芦的关系，他只关注葫芦，叶子上生了蚜虫他不在乎，邻居劝他，他也不听，结果叶子上的蚜虫越来越多，小葫芦最后都落了。课文短小精悍，语言生动形象，人物个性鲜明。课文让学生了解了植物的叶子与它的果实之间的关系，并告诉我们一个道理：事物之间是有联系的，要联系地看问题。如果只顾葫芦，不管叶子，到头来，葫芦也长不成；做事若只顾结果，不考虑其他，到头来可能什么也得不到。

朗 读 指 导

课文语言朴实，用词准确，既有描述又有对话，是一篇朗读的好材料，可以用多种形式进行朗读练习。教师首先指导读好"葫芦"一词，注意"芦"要读轻声。这篇课文是按事情发展顺序写的，共有四个自然段。

第1自然段就着力描写了葫芦长势之好和种葫芦的人的欣喜心情。读的时候要注意语音轻重的转换，构成一种"联动"的美。"从前，有个人种了一棵葫芦。细长的葫芦藤上长满了绿叶，开出了几朵雪白的小花。花谢以后，藤上挂了几个小葫芦。多么可爱的小葫芦啊！那个人每天都要去看几次。"句子中几个加点的词语朗读时要重读。同一句中，前一个加横线的字词为次重音，与后面那个加点的主重音相搭配，流畅地朗读，读出葫芦喜人的长势。尤其要突出"挂"，作者用得非常形象、准确、生动。那"细长的葫芦藤、长满了绿叶、雪白的小花、可爱的小葫芦"，透过这些短语，学生不仅了解到葫芦的生长过程（长叶→开花→花谢→挂果），还仿佛看到了一幅长势旺盛的葫芦图。"多么可爱的小葫芦啊！"要带着赞美之情去读，"多么可爱"重读，语气词"啊"根据音变规则可读成"哇"，读出强烈的感叹语气。"每天""看几次"，把种葫芦人高兴的心情和对葫芦的喜爱之情以及盼望它快快长大的急切之情,鲜明地勾勒了出来。要读出这种喜悦之情和他得意扬扬的样子。

第2自然段讲种葫芦的人看见叶子上生了蚜虫(蚜虫是害虫,专门吸植物的幼苗、嫩叶的汁液),但他一点儿也不在乎,眼睛只盯着小葫芦。要读好他心里所想的以及他自言自语所说的话。"有几个虫子怕什么!"由此可以想象那个人的满不在乎。"他盯着小葫芦自言自语地说:'我的小葫芦,快长啊,快长啊!长得赛过大南瓜才好呢!'"重音放在"盯"和"快"上,"快长啊,快长啊!"语调可以渐次上扬,语速可以渐次加快。种葫芦的人特别希望小葫芦长得比南瓜还要大,"赛过"可读得重一些。"自言自语"就是自己跟自己说话,读的时候要小一点声,在读这句话时要想象这时自己就是在跟自己说话。种葫芦的人看到自己种的葫芦长势喜人,非常盼望它们能快快长大,也要读出急切、期盼的语气。

第3自然段讲一个邻居劝种葫芦的人治治叶子上的蚜虫,他不听,认为叶子上的蚜虫跟葫芦没有关系,不妨碍葫芦的生长。"你别光盯着葫芦了,叶子上生了蚜虫,快治一治吧!""别"表示邻居对种葫芦的人只看葫芦不治蚜虫行为的劝阻,"快"表示邻居的劝告很急,要读出焦急、好心、诚恳的语气。"那个人感到很奇怪,说:'什么?叶子上的虫还用治?我要的是葫芦。'"可带着满不在乎的表情和语气读出种葫芦的人惊诧、不解、无知又不听劝告的样子。邻居的催促"快治一治"与种葫芦人的不以为然"叶子上的虫还用治"形成对比,预示着种葫芦的人一定得不到葫芦的必然结果。这里可引导学生在具体的语言环境中借助标点符号,朗读和体会不同语气的句子。"叶子上的虫还用治?"(反问的语气)"叶子上的虫不用治。"(肯定的语气)"有几个虫子怕什么！"（感叹的语气）"有几个虫子不用怕。"（平静的语气）通过读句子，让学生了解虽然每个句子表达的意思相同，但表达的语气和情感却不一样，反问句和感叹句表达的情感比陈述句要强烈些。读种葫芦人说的这些话时要读出不以为然、自以为是的语气。"我要的是－葫芦"要读重些，用十分肯定的语气。

第4自然段讲叶子上的蚜虫越来越多，小葫芦慢慢地变黄了，最后都落了。"没过几天，叶子上的蚜虫更多了。小葫芦慢慢地变黄了，一个一个都落了。"这个自然段突出强调"更多""慢慢""落"，要让学生充分体会种葫芦人内心的沮丧、失望、难过和后悔，读的时候语速要缓慢一些，声调降低，读出惋惜、无奈的语气。

在朗读感悟后，再引导学生体会课文的寓意。

教│学│建│议

课文篇幅短小，蕴含的哲理浅显。因此，要把以读促悟作为教学的重点，力求使学生通过反复朗读，品悟课文语句里蕴含的丰富的思想感情。教师对学生的朗读指导不需多讲术语，只要善于创设情境，引导学生入情入境，身临其境，读的时候感情自然会出来。除了运用形象的插图、动画等手段外，教师的范读也会起到不小的作用。教师范读时的情感能直接感染并调动学生的情感，一些朗读的技巧无形地渗透在教师的范读中，学生在无意的模仿中就学会了朗读的技巧，在多次的朗读训练中便掌握了朗读的技能，这样做比纯粹地教给学生空洞的朗读技巧效果要理想得多。

第17课 难忘的泼水节

| 原 | 文 | 呈 | 现 |

　　火红火红的凤凰花开了,傣族人民一年一度的泼水节又到了。

　　1961年的泼水节,傣族人民特别高兴,因为敬爱的周恩来总理和他们一起过泼水节。

　　那天早晨,人们敲起象脚鼓,从四面八方赶来了。为了欢迎周总理,人们在地上撒满了凤凰花的花瓣,好像铺上了鲜红的地毯。一条条龙船驶过江面,一串串花炮升上天空。人们欢呼着:"周总理来了!"

　　周总理身穿对襟白褂、咖啡色长裤,头上包着一条水红色头巾,笑容满面地来到人群中。他接过一只象脚鼓,敲着欢乐的鼓点,踩着凤凰花铺成的"地毯",同傣族人民一起跳舞。

　　开始泼水了。周总理一手端着盛满清水的银碗,一手拿着柏树枝蘸了水,向人们泼洒,为人们祝福。傣族人民一边欢呼,一边向周总理泼水,祝福他健康长寿。

　　清清的水,泼啊,洒啊!周总理和傣族人民笑啊,跳啊,是那么开心!

　　多么幸福啊,1961年的泼水节!

　　多么令人难忘啊,1961年的泼水节!

| 文 | 本 | 简 | 析 |

　　这是"伟人"主题单元中的一篇课文,记述的是一个充满温情的感人故事。傣族人民在每年凤凰花开的时候会举行一年一度的泼水节,这是傣族最隆重的节日,也被傣族人民视为最美好、最吉祥的日子。

而 1961 年的泼水节，更让傣族人民难忘，因为敬爱的周恩来总理和他们一起庆祝了这个富有情趣的节日。共和国总理的到来，使傣族人民沸腾了，人们"敲起象脚鼓"，"在地上撒满了凤凰花的花瓣"，放着一串串喜庆的花炮，迎接敬爱的周总理。周总理兴致勃勃地换上傣族服装，"笑容满面地来到人群中"，他同傣族人民一起敲鼓跳舞，手端银碗与人们互相泼水祝福，同庆盛大的民族节日。

朗 读 指 导

课文简短精悍，作者在遣词造句上既生动形象又充满激情，课文中很多词语都带有浓厚的感情色彩。有感情地朗读是本课教学的重点，也是领会课文内容和感情的主要方法，教师要让学生多层次、多种形式反复地读课文，从而感受周总理和傣族人民一起过泼水节时的热烈场面和人们的兴奋心情。朗读课文要始终热情洋溢、幸福快乐，可节奏轻快、语调稍高。教学中要抓住每个自然段的关键词语，在语句环境中品词析句读文，使学生在读文中体会深厚的感情。

课文开篇："火红火红的凤凰花开了，傣族人民一年一度的泼水节又到了。"其中"火红火红"一词，要加以强调来渲染傣族人民当时是如此开心和幸福；"泼水节"是课文强调的核心词，所以在第 1 自然段中也要强调重读。课文中洋溢着的热情，就像火红的凤凰花撒满字里行间。

读第 1、2 自然段，要用热情而平稳的语调，"1961 年"作为特殊的节点可适当突出，第 2 自然段中的"特别""周恩来总理"和"一起"可读得稍重些。

第 3 自然段："那天早晨，人们敲起象脚鼓，从四面八方赶来了。为了欢迎周总理，人们在地上撒满了凤凰花的花瓣，好像铺上了鲜红的地毯。一条条龙船驶过江面，一串串花炮升上天空。人们欢呼着：'周总理来了！'"写人们"从四面八方赶来了"，"四面八方""赶"重读。要引导学生通过"赶"体会傣族人民迎接总理的心情很急切。泼水节是傣族人民一年中最盛大的节日，人们都愿意到最热闹的地方来欢度节日，最重要的是他们听说敬爱的周总理要来参加今年的泼水节，人们早就想亲眼看一看周总理，能和总理一起过泼水节是多么幸福啊！大家唯恐来晚了赶不上和总理一起联欢，所以起了大早，急急赶来。他们用什么样的方式迎接敬爱的周总理呢？请同学读出相关句子：其中"敲起象脚鼓"，"撒满了凤凰花的花瓣"，"一条条龙船驶过江面，一串串花炮升上天空"（让学生通过"一条条""一串串"感受非常热闹、非常喜庆的场面），"欢呼"等词语，无不体现了人们的高兴心情。正因为总理是可敬的，所以人们才会这样高兴。要带着喜悦的心情读这段话。人们渴望见到周总理，今天的愿望终于实现了，压抑不住的喜悦通过欢呼声表达出来："周总理来了！"这句要表达出傣族人民激动、高兴的心情。关键是要在读前面几句话时做好声音和感情的铺垫，读最后这句欢呼的话时，感情要充沛，声音要自然，声调可高一些，但不能真的大声喊，而是用虚声、上扬语调，语气、语调也可以根据自己的理解体现出个性。

第4自然段："周总理身穿对襟白褂、咖啡色长裤，头上包着一条水红色头巾，笑容满面地来到人群中。他接过一只象脚鼓，敲着欢乐的鼓点，踩着凤凰花铺成的'地毯'，同傣族人民一起跳舞。"这个自然段从总理的穿着、神情和动作着笔。要抓住相关的一些关键性的词语突出强调：总理一身傣家人民的打扮——"对襟白褂""咖啡色长裤""水红色头巾"；慈祥和蔼的神情——"笑容满面"；快乐的动作——"接过""敲着""踩着""跳舞"。所有这些描写都体现了总理的可亲可敬，要带着对总理的热爱之情来读。

第5自然段:"开始泼水了。周总理一手端着盛满清水的银碗,一手拿着柏树枝蘸了水,向人们泼洒,为人们祝福。傣族人民一边欢呼,一边向周总理泼水,祝福他健康长寿。"这里的描写也很有画面感:周总理向人们泼洒,为人们祝福:周总理"一手端着……一手拿着……";傣族人民向总理泼水,傣族人民"一边……一边……"祝福他健康长寿。人们快乐地泼洒着,泼洒着激动和幸福。朗读时要气息流畅,节奏轻快,读出抑扬顿挫的节奏感,一气呵成,把总理和人民之间的深厚感情体现出来。

最后三个自然段是课文的高潮,更是感情的升华。

清清的水,泼啊,洒啊!周总理和傣族人民笑啊,跳啊,是那么开心!

多么幸福啊,1961年的泼水节!

多么令人难忘啊,1961年的泼水节!

作者直抒胸臆,连用三个自然段四个感叹句,表达了人们的激动、幸福和难忘。读这四个感叹句,情绪要激动,但不能只是单纯地提高声音,要虚实结合,读出陶醉在幸福中的感觉。"幸福啊"("啊"可读成"哇")、"难忘啊"要重音轻读。读的速度要慢些,第二句可比第一句读得更慢,好像完全沉浸在幸福的回忆之中。要带着一种依依不舍的情感,满怀深情地朗读,读出无比幸福快乐、难以忘怀的情感。

| 教 | 学 | 建 | 议 |

课文表现了周总理和人民之间的深厚感情,这是课文的中心。但由于课文的时代背景距离现在的少年儿童生活有点远,学生不容易理解周总理和人民之间的那份无以言表的感情,对课文的情感把握就会

大打折扣。教师可让学生在课前做一些准备：读读周总理的故事，了解他忙碌而又光辉的一生，感受人民对总理的爱戴之情。低年级孩子的思维是感性的，故事最能引起他们情感的共鸣。通过各种渠道的感情激发，以"情感的熏陶"取代"乏味的讲解"，能使学生跨越时间，了解周总理的伟大，对学生突破课文中各个难点也有着无可比拟的作用，有助于教师在教学中取得良好的效果。由于民族差异，学生对傣族人民的风俗比较陌生，也难以与课文产生情感共鸣。但二年级的学生年龄小，好奇心强，思维比较活跃。因此在学习这篇课文时，为了缩短与文本之间的距离，可采用直观教学，给学生展示傣家竹楼、敲象脚鼓、跳孔雀舞、泼水节等图片，让学生感受当时人们的喜悦心情；播放《月光下的凤尾竹》这首傣族乐曲，充分展示傣族人民积极乐观的生活面貌，让学生产生浓厚的阅读兴趣。然后再通过反复地朗读，从感受热烈的节日气氛，到感受每一个人洋溢的热情，到感动学生的内心，最后在朗读中表达这份感动。教师要善于创设良好的氛围，让学生细细品味课文中的语句，再联系之前对总理的认识，学生便能在朗读课文中感受到那份真挚的感情。

第 18 课　古 诗 二 首

| 原 | 文 | 呈 | 现 |

夜 宿 山 寺

〔唐〕李　白

危楼高百尺，

手可摘星辰。

不敢高声语，

恐惊天上人。

文 本 简 析

　　《夜宿山寺》是课文中的第一首诗，是一首记游写景的五言绝句，表达了李白夜宿山寺身临高处的独特感受。作者运用惯常的极度夸张的笔调、大胆奇特的想象，淋漓尽致地渲染了山寺屹立山巅的非凡气势，使读者感到一座宏伟建筑如在眼前。前两句"危楼高百尺，手可摘星辰"是从视觉感受上以夸张的修辞手法烘托出山寺高耸入云霄的气势。后两句"不敢高声语，恐惊天上人"从听觉感受上进一步烘托出楼宇之高。作者这样的描写可以使学生想象到"山寺"与"天上人"相距如此之近，山寺之高也就不言自明了。

朗 读 指 导

　　本诗以丰富的想象，表现了作者对山寺夜景的喜爱和赞美。时间：夜；事件：宿；地点：山寺；要指导学生读好题目中的多音字"宿"。作者晚上住在山上的寺庙里，可以让学生想象一下白天的寺庙是什么样子的：人们到庙里参拜、进香，一片嘈杂。晚上的寺庙呢？变得安静了，那么读的时候一定要轻柔、缓慢，读出静夜的感觉。

　　整首诗的朗读基调也应该是语速较缓，语调较低的。朗读时要读出惊讶、赞叹和略带神秘的语气。古诗朗读尤其要注重节奏和停顿。要把握平仄规律，注意古诗的韵脚，体会古诗的韵律美和音乐美。诗句中的每个字都要读得正确、清楚，速度要放慢一些。像这样的五言诗一般都是前两个字连起来读，后三个字中按语意稍有停顿，句末的字要读得圆满，不要吞音。

可参照这样几个朗读环节：首先读准字音，读出节奏。初读古诗，要给予学生足够的练习时间，并及时正音，尤其注意一些难字的发音。然后教师范读古诗，指导学生聆听，体会古诗的停顿和节奏。最后师生合作朗读古诗，在朗读中感受古诗的韵律美。

诵读古诗仍不能忽视让学生根据诗句想象画面的过程，要注重学生的诵读体验。"危楼高百尺，手可摘星辰。"这楼真是气势磅礴，读的时候要带着一种豪气以及赞叹和惊讶的语气。教学时应抓住"高"，让学生想象作者站在山顶寺庙的高楼上远眺时的感觉，"高"要读得响亮一些。朗读时还要读好"可"，加重一点读。可以让学生给这行诗配一个轻松的摘星星的动作，体验这种轻而易举的感觉，把这种感觉从朗读"可"中体现出来。"不敢高声语，恐惊天上人。"这两句形象地说明作者跟"天上人"近在咫尺，进一步突出了楼之高。这时可请学生模拟作者此时的神态，轻声朗读诗句，"高声语"和"天上人"可以读得缓慢轻柔一些。"天上人"用稍微低沉的语气，读得慢一点、轻一点，要把恐怕惊扰他人的心情读出来。

| 教 | 学 | 建 | 议 |

低学段的学生学习古诗到底要不要理解？我们认为当然要。但这种理解不是单纯地逐个去解释文字，分析词句，而是通过反复诵读去感悟，从整体上去理解一首诗。诗歌语言凝练优美，是作家艺术创作的结晶，有着"只可意会，不可言传"的美妙意境。诗中有画，画中有情，让学生真正领略到这种情景交融的意境美，一直是古诗教学的难点。

新课标始终强调古诗教学要让学生展开想象，获得初步的情感体验，感受语言的优美。如何去感受呢？诵读是最好的方式。只有富于感情的诵读，才能体会到诗的韵味。在教学中教师要努力激发学生的想象力，使诗情画意尽在学生脑海中。正如这首《夜宿山寺》，教师就可引导学生置身夜静、星朗、山高、楼危的情景之中，身临其境地体验诗人的感受。

教师可采用多样化的教学方式，使古诗教学丰蕴起来。如教师的深情范读，多媒体课件的展示，学生诵读时的配乐，让学生扮演诗人演绎古诗的意境，等等。教师只有通过丰富多彩的手段，才能使学生跨越时空，聆听到古人的心声，捕捉到古人那悠远、空灵的气息，陶冶美的情操。

| 原 | 文 | 呈 | 现 |

敕 勒 歌
北朝民歌

敕勒川，阴山下，
天似穹庐，笼盖四野。
天苍苍，野茫茫，
风吹草低见牛羊。

| 文 | 本 | 简 | 析 |

《敕勒歌》是课文中的另一首诗，是一首脍炙人口的北朝乐府民歌。这首民歌描绘了我国内蒙古阴山脚下苍茫辽阔、牧草丰茂、牛羊肥壮的北方大草原风光。它具有北朝民歌所特有的明朗豪爽的风格，境界雄浑开阔，抒发了当地人热爱家乡、热爱生活的豪迈激情。这首民歌

开头两句交代牧民居住的大草原就在阴山脚下，将草原的背景衬托得十分雄伟。接着两句用"穹庐"作比喻，说天空像圆圆的蒙古包大屋顶，笼罩着大地，以此来形容极目远眺，天野相接、无比壮阔的景象。最后三句描绘了一幅水草丰盛、牛羊肥壮的草原全景图。动静结合，形象丰富。整首诗场面宏大，意境高远，层次清楚，语言明白如话，虽仅二十七个字，却具有很强的艺术概括性，一直受到历代文论家和评论界的一致好评。对它的学术研究，时至今日仍经久不衰。

朗读指导

本诗应注意读好节奏和停顿。教师可引导学生带着发自内心的对美好景物的向往，带着赞美、欣赏的语气来读。因为描写的是辽阔壮丽的草原，应该给人一种开阔明朗的感觉，读得不能太过柔缓。"敕勒／川，阴山／下"不仅交代了当地人生活的地点，而且描绘出了一望无际的草原，连绵起伏的群山，给人以无限辽阔、无比雄伟的感觉。开篇要读出这种辽阔雄伟的气势来。"天／似穹庐，笼盖／四野。"首先要让学生了解"穹庐"是什么，"穹庐"就是白色的、供当地人生活的毡帐，也就是我们今天说的蒙古包。说天空像穹庐，可以让学生想象一下：你站在辽阔无边的草原中央，抬头往上看，湛蓝的天空是那么高，那么远；再一直往前看，草原一望无际，远处的草原与天空仿佛连在了一起；然后，你向左看、向右看，转过身向后看，天空和草原的界线全都看不清了。这时，你感觉天空真像一顶巨大的蒙古包把整个草原给笼罩住了。在当地人的眼里，他们觉得天空像自己生活的蒙古包，也就是像他们的家，这说明天空、草原在他们的眼里就是他们的家。家在我们的心中，永远是我们最温馨亲切的地方，所以，"天似穹庐"这个比喻既写出了草原的空旷与辽阔，也表达出当地人对草原的热爱之情。要读出这种喜爱来,读的时候音调可稍高,"穹庐""笼盖"要读得稍重一点儿,以突出天地融为一体的样子。注意这里的"野",可按照现代汉语的读音读作 yě,不必读作古音 yǎ。"天／苍苍,野／茫茫":天空,一片湛蓝;草原,一碧千里。这里用了两个双韵叠音词,体现天地辽阔、一望无垠的壮美,也体现出了诗歌的韵律美和音乐美。读的时候韵母的发音要饱满,语调上扬。但仅仅蓝、绿两色,是不是有些单调呢?接着我们看到:"风吹草低／见牛羊。"这里注意"见"读作 xiàn,"牛羊"读的时候可稍微拖长音来收尾。风吹过,茂盛的草便低伏下去,现出了悠闲地吃着草的成群的牛羊。黄的牛,白的羊,这儿一群,那儿一群,有牛羊的地方,就会有人,还有骑着马穿着各色服装的缓缓移动的牧民。草原的色彩是丰富的,整首诗的画面也由静止而变得富于动感,让人感觉草原顿时充满生机与活力。草原也是富饶的,牧民非常热爱自己的家乡,读的时候要体现出这种自豪之情,同时也要带着一种喜悦感和怡然自在的感觉来读。

教│学│建│议

"熟读唐诗三百首,不会作诗也会吟","读书百遍,而义自见",强调的都是朗读在学习古诗中的重要性。在教学中,在学生把字音读准确,把诗句读通顺的情况下,可采用多种形式让学生诵读,使学生在多种形式不断变换的反复朗读中体会读诗的乐趣,提高朗读能力,达到熟读成诵的目的。为了给学生创设优美的意境,教师也可从图片入手,或运用多媒体形式播放大草原的风光,化静为动,变无声为有声,通过绚丽的画面,鲜艳的色彩,悦耳的音乐引导学生更形象直观地了解诗句的意思,感受诗中所描写的大草原的美丽壮阔以及牧民富足的生活。巧妙地利用课件教学有助于学生较为迅速、深刻地感知古诗,从而更好地感悟古诗的意境,体会作者遣词造句谋篇的独具匠心以及蕴含在古诗中的思想感情。

第19课 雾在哪里

| 原 | 文 | 呈 | 现 |

从前有一片雾,他是个淘气的孩子。

有一天,雾飞到海上。

"我要把大海藏起来。"于是,他把大海藏了起来。无论是海水、船只,还是蓝色的远方,都看不见了。

"现在我要把天空连同太阳一起藏起来。"于是,他把天空连同太阳一起藏了起来。霎时,四周变暗了,无论是天空,还是天空中的太阳,都看不见了。

雾来到岸边。

"现在我要把海岸藏起来。"雾把海岸藏了起来,同时也把城市藏了起来。房屋、街道、树木、桥梁,甚至行人和小黑猫,雾把一切都藏了起来,什么都看不见了。

他躲到城市的上空,说道:"现在,我该把谁藏起来呢?"看来,再也没有可藏的了。

"我要把自己藏起来。"

不久,大海连同船只,天空连同太阳,海岸连同城市,街道连同房屋和桥梁,都露出来了。路上走着行人。小黑猫也出现了,它摇着黑尾巴,悠闲地散步。

雾呢？消失了，不知到哪里去了。

文 本 简 析

课文是"想象"主题单元中的一个童话故事。它借用孩子的口吻，介绍自然现象"雾"的特点。语言生动形象，故事中的想象充满童真童趣，容易激发孩子的学习兴趣。作者运用了拟人的修辞手法，将"雾"这一人们熟悉的自然现象，描述成小孩子和世界捉迷藏的故事。这个故事不仅说明了雾很神奇，也告诉我们只要留心观察自然，富于想象，就会发现很多神奇美妙的东西。

朗 读 指 导

课文将"雾"这一人们熟悉的自然现象用生动有趣的语言，形象地展现在孩子眼前。教师可抓住雾的"淘气"，雾把什么"藏"了起来等问题，引导学生采用不同的形式朗读。在朗读中想象雾淘气、顽皮的样子，读好雾的语言。让学生边读边思考，在读中悟，在读中加深对课文的理解。

课文以雾的语言贯穿始终，可以让学生把雾说的话找出来，课文中一共有五句话：

1. 我要把大海藏起来。
2. 现在我要把天空连同太阳一起藏起来。
3. 现在我要把海岸藏起来。
4. 现在－，我该把谁藏起来呢？
5. 我要把自己藏起来。

第1句，要读出雾的自信，语气平实。第2句，语气上扬，要读得更加自信，读出雾的淘气。第3句，语气要坚决一些，因为是在前两次成功之后说出来的。第4句，"现在"的"在"读的时候可把音拖长一些，表示雾在思考问题。后面读出疑问的语气，因为现在实在没什么可藏的了，该藏的都藏起来了。第5句，雾在想了想之后，恍然大悟，突然有了主意，这里要读出思考后有了新主意的惊喜，读得果断一些。在这些语言里，每一句话中被藏的事物都要做重点提示，以告诉读者：雾每次藏的事物都不同。

另外课文的段落结构整齐，每个自然段有重复的句式和词语，还有不少含有多个短语的长句子，要指导学生根据句意读好停顿。如"房屋、街道、树木、桥梁，甚至行人和小黑猫，雾把一切都藏了起来，什么都看不见了。"这个句子前边的四个名词用顿号隔开，表示读的时候要有短暂的停顿，语调不要太过平实，要读出抑扬顿挫的感觉，可采用一高一低、一高一低的语调。抓住几个关键词重读，如"甚至"，以强调雾不仅藏起了大的东西，连小的行人和动物也不见了。"一切"，表示所有的事物都被藏起来了。"什么"，突出天地间一片朦胧，全被浓雾笼罩的景象。"不久，大海连同船只，天空连同太阳，海岸连同城市，街道连同房屋和桥梁，都露出来了。"这一句写了大雾散了之后一切都显露出来的景象，连用几个"连同"，语义连贯，"连同"的前面要稍停顿，句中的名词可读得稍重，"都"要重读，强调范围之广；整句语速要稍快一点，语调轻快，体现出云开雾散、万物复现的明朗。课文最后一句用了设问句，要带着一种神秘感用回味无穷的语气收尾。

教 学 建 议

本课要把"雾"说的五句话作为朗读的重点，通过多形式的朗读来体会"雾"的淘气和顽皮。语文学习"以读为本"，低学段更要重视"读"的作用，在熟读基础上理解语言，感受人物情感，同时也有助于学生朗读能力和朗读技巧的培养。课堂上可通过范读或出示图片等方法，让学生感受雾娃娃的淘气，让学生自己尝试着说一说感受，读一读句子，读出情感来。通过引导学生反复细读文本，斟词酌句，潜心体会文本，与文本密切交流，再把语言文字和生动形象的画面结合起来，这样既能丰富学生的语言积累，又能发展学生的思维。

第20课 雪 孩 子

|原|文|呈|现|

　　雪，下个不停，一连下了好几天。

　　这天早上，天晴了，兔妈妈要出门去。小白兔嚷起来："妈妈，妈妈，我也要去！"

　　兔妈妈说："好孩子，妈妈有事，你不能跟着去。"兔妈妈在门外的空地上给小白兔堆了个雪孩子。小白兔有了小伙伴，就不跟妈妈去了。

　　小白兔跳舞给雪孩子看，唱歌给雪孩子听。他玩累了，就回家去睡午觉。"屋子里真冷，赶快往火堆里添把柴吧！"

　　小白兔添了柴，把火烧得旺旺的，屋子里渐渐暖和了。他躺在床上，闭上眼睛，一会儿就睡着了。

　　火越烧越旺。哎呀，火把旁边的柴堆烧着了！小白兔睡得正香，他一点儿也不知道。

　　"不好了！小白兔家着火了！"雪孩子看见从小白兔家的窗户里冒出黑烟，蹿出火星。他一边喊，一边向小白兔家奔去。

"小白兔，小白兔！你在哪里？"雪孩子冲进屋里，冒着呛人的烟、烫人的火，找哇找哇，终于找到了小白兔。他连忙把小白兔抱起来，跑到屋外。

小白兔得救了，雪孩子却浑身水淋淋的。

这时候，树林里的小猴子、小山羊都赶来救火了。不一会儿，大家就把火扑灭了。

兔妈妈回来了，激动地说："谢谢大家来救火，救了小白兔，谢谢大家！"

"咦，是谁救了小白兔？"小动物们说，"真得谢谢他呢！"

这时，救小白兔的雪孩子不见了。他已经化成水了。

不，雪孩子还在呢！瞧，太阳晒着晒着，他变成了很轻很轻的水汽。飞呀，飞呀，飞上天空，变成了一朵白云，一朵美丽的白云。

文 本 简 析

课文是"想象"主题单元中的一篇文质兼美、富于童趣和意境的童话。课文描述的故事：一场美丽的大雪过后，小白兔的妈妈堆了一个可爱的雪孩子，雪孩子给小白兔带来了快乐，但是后来，为了救大火中的小白兔，雪孩子却融化了。它飞到了空中，变成了一朵很美很美的白云。课文表现了雪孩子的善良、勇敢以及助人为乐、舍己救人的美好心灵。故事中将水的变化常识融于其中，意在激发学生探索科学知识的兴趣，启迪学生的智慧，启发学生的想象，陶冶学生的情操。

朗 读 指 导

教学中应该充分发挥读书的作用，引导学生朗读，通过朗读领悟课文内容。这是一篇优美的童话故事，首先要引导学生带着一种美感去想象，读出雪景之美，读出雪孩子的心灵之美。可以先引导学生想象雪后的景象，到处是一片白茫茫的，学生有了美的体验，在读书时感情自然就会流露出来。此外还要注意引导学生抓住关键词进行朗读。

　　课文一开始交代了故事的起因，雪后初晴，兔妈妈有事要出门。作者描写小白兔"嚷起来"："妈妈，妈妈，我也要去！"语速可稍快，声调提高，带一点儿撒娇的口吻，体现小白兔急切的心情。兔妈妈对小白兔说的话音色可厚重一些，读出妈妈的温柔和蔼。

　　接着课文描写了雪孩子和小白兔一起愉快地玩耍。这里要带着欢快开心的心情去读。教师可以引导学生想象玩耍时愉快的场景和心情，观察课文插图上小白兔和雪孩子的表情，引导学生观察情景图，深化情感，升华朗读。小白兔玩累了回家睡午觉，觉得屋子里很冷，于是赶快往火堆里添了把柴，"赶快"要重读，读出感叹句的语气。第5自然段写小白兔在暖和的屋子里舒服地睡着了。朗读时语气可平静舒缓一些，与接下来的突发状况作对比。"火越烧越旺。哎呀，火把旁边的柴堆烧着了！""哎呀"读出惊讶和恐慌的语气，"烧着了"语气加强，提醒学生"着"是个多音字，这里重读。"不好了！小白兔家着火了！"这里连用了两个感叹号，说明雪孩子非常着急，可让学生想象小白兔家里冒出黑烟、蹿出火星的场景，感受现场情况的危急，体会雪孩子异常焦急的心情，读的时候要急促响亮。描写雪孩子勇敢地冲进火海救小白兔的情景，要抓住文中的关键词"奔"，朗读时速度稍快，表现当时情况的紧急和雪孩子的勇敢、毫不犹豫、无所畏惧。"小白兔，小白兔！你在哪里？"雪孩子火中寻找小白兔时的语气更加焦急，用快速的节奏、着急的语气去读。小白兔最后得救了，大家一起把火扑灭了。这时语气可趋于平缓，让人有松了一口气的感觉。兔妈妈回来了，她很感激大家，要抓住"激动"一词，读出兔妈妈对大家的感谢。"咦,是谁救了小白兔?"读出疑惑的语气。是雪孩子,他救出了小白兔,自己却浑身水淋淋的,后来又不见了,化成了水,最后变成了很轻很轻的水汽,"很轻很轻的水汽"要读出伤心的语气,因为小白兔从此失去了一个好朋友。水汽飞上天空变成了一朵白云(可以联系课文《我是什么》的有关知识)。要注意引导学生想象课文中描述的画面和创造的意境,读出云朵的美丽,体会雪孩子纯洁崇高的品质,体会小白兔的快乐与忧伤。水汽"飞呀,飞呀,飞上天空,变成了一朵白云,一朵美丽的白云"。"一朵美丽的白云"要读得轻而舒缓,表达出赞美、喜爱、欣慰之情。

教 学 建 议

对于同一篇课文,或同一个人物,学生站在不同的角度,往往会产生不尽相同的感受。教师不应根据一家之言给予学生统一的答案,而要努力创设一种民主、平等、宽容、和谐的教学气氛,尊重学生的独特感受,让学生根据自己的理解,读出不同的感情色彩。学生在这篇课文的朗读中,通过自己的情感体验,对雪孩子舍己救人的精神给予肯定,对这种行为表示赞赏,因此才会体验到雪孩子救了小白兔后的高兴心情;而从另一个角度,学生也体验到了生命的宝贵,感悟到了小白兔失去雪孩子后的悲伤之情。教师在教学中应鼓励学生大胆地发表自己的见解和感受,从而体现审美价值的个性化、多元化。

学生的感受是通过朗读来体现的。教师应充分信任学生,把读的权利还给学生,相信学生能读懂课文,鼓励学生不断探索,寻找自信的力量,在自悟自得中感受朗读的乐趣,培养学生学习语文的乐趣。

第21课 狐假虎威

| 原 | 文 | 呈 | 现 |

在茂密的森林里,有一只老虎正在寻找食物。一只狐狸从老虎身边窜过。老虎扑过去,把狐狸逮住了。

狐狸眼珠子骨碌碌一转,扯着嗓子问老虎:"你敢吃我?"

"为什么不敢?"老虎一愣。

"老天爷派我来做你们百兽的首领,你吃了我,就是违抗了老天爷的命令。我看你有多大的胆子!"

老虎被蒙住了,松开了爪子。

狐狸摇了摇尾巴,说:"我带你到百兽面前走一趟,让你看看我的威风。"

老虎跟着狐狸朝森林深处走去。狐狸神气活现,摇头摆尾;老虎半信半疑,东张西望。

森林里的野猪啦,小鹿啦,兔子啦,看见狐狸大摇大摆地走过来,跟往常很不一样,都很纳闷。再往狐狸身后一看,呀,一只大老虎!大大小小的野兽吓得撒腿就跑。

老虎信以为真。其实他受骗了。原来,狐狸是借着老虎的威风把百兽吓跑的。

| 文 | 本 | 简 | 析 |

这是"相处"主题单元中的一篇课文,是根据《战国策·楚策一》相关内容改写的寓言故事。课文讲述的是一只狐狸是如何狡猾地骗过老虎,不仅使自己摆脱了危险,还借着老虎的威风,吓跑了森林里的

百兽的故事。后来人们用"狐假虎威"这个成语来比喻倚仗别人的势力来欺压人。

朗｜读｜指｜导｜

  课文讽刺意味较浓,教师要引导学生抓住狐狸和老虎的个性特征和语言特点来读。首先要提醒学生题目中的"假"是多音字,这里读第三声。故事的开头,依然是交代时间、地点、人物,语气平实。"一只狐狸从老虎身边窜过。老虎扑过去,把狐狸逮住了。"要抓住第1自然段中的动词"窜""扑""逮",加重语气读。"窜"说明狐狸看到老虎很害怕,跑得很快。"扑过去"说明老虎很凶猛。狐狸还是被老虎逮住了,要读出狐狸的心惊肉跳、万分紧张的感觉。狐狸虽然被老虎逮住了,但他才不甘心成为老虎的美餐呢,于是,他想出了一个主意。可以先让学生说一说,从哪些地方可以看出狐狸的狡猾呢?"眼珠子骨碌碌一转",读的时候可以配合动作,还有虚张声势地"扯着嗓子",故意装出不怕的样子,好让老虎不敢吃他。"扯"这个词用得很生动,可以告诉学生读狐狸的语言时,因为是"扯着嗓子"说的,就是要把喉咙扯开,声音大而响亮,把每一个字音都拉长了读。"你敢吃我?""我"要重读,特意强调"我"的与众不同。整句是狐狸先发制人,读的时候语调要上扬,高亢洪亮,略带震慑力。

  第3自然段中老虎愣住了,要读出他的惊奇和迟疑,"为什么不敢?"用疑问的语气读出老虎不明白的样子。这简单的一句问话,既要读出老虎的疑惑和迟疑,也要读出老虎的威严。

  第4自然段狐狸开始陈述理由。要让学生把朗读的重音放在"老天爷""违抗""命令""多大的胆子"几个关键词语上,读出神气的口吻。狐狸虽然表面上理直气壮,其实他是故作镇静的,因为在强大的老虎面前，他随时都会有生命危险，所以也要读出狐狸的紧张不安。"老虎被蒙住了，松开了爪子。"可以引导学生想象这时老虎可能会有的心理活动："唉，肚子再饿也不能吃这个小家伙，他是老天爷派来的，来头可不小。算了，我还是看看再说吧！"要读出老虎的愚笨和无奈。

接下来是故事的高潮部分，狐狸和老虎一起走进了森林，可以用比较轻快的语气读。狐狸还摇着尾巴，要读出狐狸的得意又带点炫耀的样子。森林里的动物们"看见狐狸大摇大摆地走过来"，强调"大摇大摆"，语速可稍慢，并读出小动物们的纳闷。"呀，一只大老虎！大大小小的野兽吓得撒腿就跑。"读得急促一些，重读"撒腿就跑"，读出小动物的惊慌失措。

最后一个自然段，写老虎其实是受骗了，可用低沉一点的语调，读出无比惋惜、耐人寻味的语气。

教 学 建 议

教师在指导朗读时，一定不能把理解课文与朗读指导分开，不能为了朗读而朗读。要让学生在理解的基础上把所领悟到的感情表达出来，也就是说指导学生有感情地朗读课文一定要在理解的基础上进行。比如在这一课中，老虎把狐狸逮住了，为了体会狐狸的心情，教师就可以启发学生想："老虎把狐狸（你）逮住了，你不能把老虎蒙住，就没有命了。"这样学生就会揣度狐狸的心理并注意说话的内容和语气，比较容易进入角色，读得就较成功了。

情境表演是最受儿童欢迎的表现形式。这篇课文也很适合分角色表演，用表演的形式来帮助学生理解课文内容，把抽象的文字变为生动的形象、富于个性特征的语言、真实可感的情境，就可以化难为易，并可让学生的多种感官一起参与学习，取得良好的教学效果。

第22课 狐狸分奶酪

|原|文|呈|现|

熊哥哥和熊弟弟在路上捡到了一块奶酪,高兴极了。可是,他们不知道怎么分这块奶酪,小哥儿俩开始拌起嘴来。

这时有只狐狸跑了过来。

"小家伙们,你们吵什么呀?"狐狸问道。

"我们有块奶酪,不知道该怎么分。"熊弟弟对狐狸说。

"这事好办,我来帮你们分吧!"狐狸笑了笑,把奶酪拿过来掰成了两半。

"你分得不匀!"小哥儿俩嚷着,"那半块大一点儿。"

狐狸仔细瞧了瞧掰开的奶酪,说:"真的,这半块是大一点儿。你们别急,看我的——"说着便在大的这半块上咬了一口。

"可是现在没咬过的那半块又大了一点儿!"两只小熊又嚷了起来。

于是,狐狸在那半块上又咬了一口,结果第一个半块又大了点儿。狐狸就这样不停地咬着两半块奶酪。咬着咬着,奶酪全被他吃光了,一点儿也没剩下。

"你可真会分!"两只小熊生气了,"整块奶酪都被你吃光了!"

"小熊,我分得可公平啦!"狐狸笑着说,"你们谁也没多吃一口,谁也没少吃一口。"

|文|本|简|析|

课文是"相处"主题单元中的一个匈牙利民间故事。课文富含想象,幽默有趣。讲述了两只小熊为了分一块奶酪拌嘴,狐狸帮他俩分奶酪,

小熊哥俩都不愿吃亏，结果狐狸自己把奶酪吃掉的故事。课文中不仅刻画了一只狡猾的、侵占他人利益的狐狸，也告诉我们同伴之间要懂得互相谦让，不要因为斤斤计较而让别有用心的人有机可乘，这样就很可能到最后得不偿失。另外要懂得遇事多动脑筋，不要随便相信别人。学生要明白故事蕴含的这些哲理有点难度，一般停留在狐狸的狡猾等层面，教师适时引导学生分析小熊兄弟，这是非常必要的。

朗｜读｜指｜导

教师应重点指导学生读好狐狸的话和熊兄弟的话。可联系上下文，想象并分析人物心理，有感情地朗读。

课文一开始讲了两只小熊捡到了一块奶酪，很高兴，可是又为怎么分配拌起嘴来。教师可引导学生在读中体会两只小熊的情感变化：捡到奶酪——高兴；怕对方多吃——吵架、生气。可与同桌模拟两只小熊吵架的过程，感受拌嘴的原因。

这时跑过来一只狐狸。狐狸之所以非常亲切地称呼两只小熊"小家伙们"，是要和他们套近乎，迷惑他们。所以狐狸说的第一句话，要读出假装好奇和热心的语气，语调微微上扬，给人一种很温柔很亲切的感觉。"我们有块奶酪，不知道该怎么分。"熊弟弟说。要读出小熊为难和焦急的心情，语速可稍快，其中"怎么"加以强调，表现他们想知道分的方法。面对小熊的困难，狐狸怎么说的呢？"这事好办，我来帮你们分吧！"狐狸是笑着说这句话的，想用笑来迷惑小熊兄弟，掩饰自己的歪心思，"帮"要读出狐狸假借"帮"之举，实际想达到"骗"的目的，用这种胸有成竹和假装的热情来骗小熊相信。这时候他已经想出了诡计，读的时候可带着一丝得意狡黠的表情。可能有的学生会认为狐狸为了达到目的，假话说得非常真挚，这也是很棒的理解。"笑了笑"这个词语，需重点引导学生理解到位：可让学生先做一做平时笑的表情，然后联系上下文体会狐狸此时的心理活动，揣摩他的狡猾心思，看看狐狸的笑和我们平时的笑有什么不同。这样，朗读的时候就能运用恰当的表情，把狐狸说话的语气朗读到位了。

  狐狸把奶酪掰成了两半。可他故意掰得一大一小。"你分得不匀！"课文中小哥俩"嚷"着，教师可随机教学"嚷"，观察字形猜字义，了解"嚷"就是大声喊叫。告诉学生读的时候音量要放大，语速稍快，音调稍高，读出小熊兄弟的着急。面对小熊兄弟的吵嚷，狐狸是怎么做的？"真的，这半块是大一点儿。你们别急，看我的——"可以引导学生思考狐狸此时的想法：他只有肯定这半块大，才有机会多咬一口，他的阴谋才能得逞。所以要强调"真的""是"，语气读得重一些，音调稍高。但他是装作才发现的样子，假装在仔仔细细地看，读的时候语速可稍慢。后边写狐狸迫不及待地还想接着咬奶酪——"说着便……"说明时间很短，读时语速要加快，读出狐狸心情的急切。

  这时候两只小熊又嚷了起来，"可是现在没咬过的那半块又大了一点儿！"这个句子有点长，要注意停顿和重音的处理："可是现在／没咬过的那半块／又大了一点儿！"就这样，狐狸不停地咬下去，结果整块奶酪都被它吃光了！两只小熊很生气，此时要用生气的语气读出小熊兄弟俩气愤、无奈以及对狐狸的不满和责怪。可是狐狸却装作很无辜地说自己分得很公平，说小熊兄弟俩"谁也没多吃一口，谁也没少吃一口"，这一次又是笑着说的。教师可再次引导学生体会"笑"的意味，狐狸这是一种得意之笑，其实是在嘲笑两只小熊，他是抓住了两只小熊自私的心理才得逞的。读的时候音量可加大，读出狐狸的理直气壮、得意扬扬和略带嘲弄的语气。

  教师在朗读指导中要让学生通过联系上下文展开自己的想象，体会童话故事中人物的心情,这样才能把故事读得有滋有味。

| 教 | 学 | 建 | 议 |

　　课文内容通俗易懂,趣味性、故事性、可读性强。在语文教学中,"能够正确流利有感情地朗读课文"是我们始终希望学生能够达到的要求。因此在语文教学中,理应把"读"放在首位,"读"不仅是教学的重要手段,也是学习的目标。教师可采用多种阅读方法,如范读,大声朗读、默读、重点词句的反复阅读等,尤其不要忽视对作品中形象心理的揣度。教学中应积极创设表演情境,组织学生分角色表演,帮助学生理解课文,感知课文内容和语言特点,让学生在角色扮演中体会不同角色的性格、语言、动作的特点。学生经过多次读文本,才能在读中领悟,在读中增长知识、提高能力、发展思维,才能在演中体验和鉴赏。此外还要抓住课文中的一些关键词深入分析文本,给学生以体会和感悟。

第23课　纸船和风筝

| 原 | 文 | 呈 | 现 |

　　松鼠和小熊住在一座山上。松鼠住在山顶,小熊住在山脚。山上的小溪往下流,正好从小熊的家门口流过。

　　松鼠折了一只纸船,放在小溪里。纸船漂哇漂,漂到了小熊家门口。

　　小熊拿起纸船一看,乐坏了。纸船里放着一个小松果,松果上挂着一张纸条,上面写着:"祝你快乐!"

小熊也想折一只纸船送给松鼠，可是纸船不能漂到山上去。怎么办呢？他想了想，就扎了一只风筝。风筝乘着风，飘哇飘，飘到了松鼠家门口。

松鼠一把抓住风筝的线一看，也乐坏了。风筝上挂着一个草莓，风筝的翅膀上写着："祝你幸福！"

纸船和风筝让他们俩成了好朋友。

可是有一天，他们俩为了一点儿小事吵了一架。山顶上再也看不到飘荡的风筝，小溪里再也看不到漂流的纸船了。

小熊很难过。他还是每天扎一只风筝，但是不好意思把风筝放起来，就把风筝挂在高高的树枝上。

松鼠也很难过。他还是每天折一只纸船，他也不好意思把纸船放进小溪，就把纸船放到屋顶上。

过了几天，松鼠再也受不了啦。他在一只折好的纸船上写了一句话："如果你愿意和好，就放一只风筝吧！"他把这只纸船放进了小溪。

傍晚，松鼠看见一只美丽的风筝朝他飞来，高兴得哭了。他连忙爬上屋顶，取下纸船，把一只只纸船放到了小溪里。

文 本 简 析

课文立足于"相处"这个单元主题，以生动的语言向学生讲述了一个通俗易懂、情趣盎然的童话故事。课文紧扣"纸船和风筝"，层层推进故事的发展，先是松鼠和小熊因纸船和风筝成了好朋友，后来因一点儿小事而吵架，最后又是纸船和风筝让他俩和好如初。在清清的溪水里和蓝蓝的天空中，留下了纸船和风筝带去的问候、祝福、谅解和浓浓的真情，纸船和风筝也真正成了维系、发展他们友谊的桥梁和纽带。课文内容贴近学生生活，语言简洁生动，童趣盎然，故事性强，童话所独有的优势非常符合儿童的阅读心理。

朗 读 指 导

"纸船和风筝"是课文的两条重要线索,也是松鼠和小熊友好交往的使者,它们在山顶和山脚间架起了一座七彩的友谊长廊。故事的动人之处在于,当松鼠和小熊因为一点儿小事吵了架之后,他们表现出的内心深深的失落之情和难以忍受的痛苦,以及修补感情裂痕的独特方式和感人场面。当我们的感情和友谊产生裂痕的时候,赌气只能使裂痕扩大,容忍和谅解才是最好的解决办法。敢于率先主动伸出友谊之手的人,是令人敬佩的。因此教师可告诉学生在朗读课文时要带着对友谊的追求和向往之情,表现出松鼠和小熊做好朋友时的惊喜、快乐、满足,闹别扭时的伤心、难过、失落,以及"云开雾散"时的兴奋、感动等不同心情。

具体来说,首先读题目时要告诉学生注意:"风筝"的"筝"读轻声。朗读课文开头部分,速度可稍慢,其中第一句话"一座山上"的"一"加以强调,再借助"山顶""山脚"说明他们的邻居关系。

读第2自然段时,教师可以询问学生,从"漂哇漂"体会到了什么呢?有的学生可能体会到纸船漂得很慢或者漂的时间很长,有的学生可能体会到纸船是带着快乐的心情漂来的,因此语速要稍慢,语气要缓和一些,读出对美好事物的向往。第3自然段,小熊意外地收到了一只纸船,教师可以让学生想象一下小熊的表情,课文中描写小熊是"乐坏了",因为这可不是一般的礼物,这纸船是松鼠自己折的;松果是松鼠自己摘的,还是他最爱吃的;纸条上的话是松鼠自己想说的。这是多么真挚的友情!难怪会让小熊乐坏了呢!那一定是乐得合不拢嘴了吧?因此让学生读的时候一定要带着表情把小熊乐坏的样子读出来。纸船里还有一张字条，写着："祝你快乐！"祝福的话，要指导学生读出真诚的祝福语气，体会松鼠和小熊彼此都很高兴的心情。第4自然段，小熊想回报松鼠，"怎么办呢？"这时要用上扬的疑问语气读出小熊的思索和困惑。小熊想出了办法，他扎了一只风筝。读到第5自然段"松鼠一把抓住风筝的线"时，速度可稍快，表现出松鼠的惊喜之情。第6自然段，用平实的叙述语气读出"纸船和风筝让他们俩成了好朋友"。

可是正当他们沉浸在快乐中的时候，快乐却没有了，他们吵架了。这时教师可以让学生说说现在自己的心情。学生肯定会说感到很难过，很伤心，甚至心里闷得慌，想哭，试着用这种感受读"山顶上／再也看不到－飘荡的风筝，小溪里／再也看不到－漂流的纸船了"。从这里开始，情绪急转直下，要读出松鼠和小熊的伤心感、孤独感，语速可稍慢，饱含深情。读到"松鼠再也受不了啦"，应该读出松鼠实在忍受不住，特别想赶紧和小熊和好的心情，音调可以高一点，速度可稍快。教师可以告诉学生一个读书小秘诀，就是在读这句话时，要想到松鼠太难受了，他太渴望朋友了，要深刻体会他的这种渴望心情。"如果－你愿意－和好，就－放一只风筝吧！"应该读出松鼠很想和小熊和好，但又有点担心、紧张、不好意思的复杂心情，同时也要读出很急切、很真诚的语气。他们虽然吵架了，但心里还都想着对方，还想和对方做朋友啊！那结果怎样了呢？——小熊和松鼠和好了！友谊失而复得，心情一定很复杂，能不能通过读把心情表达出来呢？"美丽的风筝"强调"美丽"，可重读，说明小松鼠看见风筝很高兴、很激动、很惊喜；"高兴得哭了"说明他再次得到了小熊的友谊很激动。这时，音调可较高，速度稍快，表现出松鼠和小熊对和好的渴望以及再次和好后的兴奋。最后一个自然段：松鼠和小熊终于和好了！纸船和风筝的"魔力"又回来了!此时此刻学生的心情也一定是兴奋的,甚至有的女同学已经含着激动的泪花,学生都被他们的友谊而深深地感动了。至此,学生真挚的感情水到渠成地伴随着朗读喷发出来。

孩子的心是纯真的,他们从松鼠和小熊身上感受到了友谊的可贵,友谊的涓涓细流在每个孩子心中汩汩流淌。书本世界与孩子的现实生活世界紧密地联结在了一起。

低年级段朗读训练是重点,读是理解文字、体会情感的纽带。要促进学生语言和精神的协同发展,就必须花足够时间,让学生充分地读。读得充分,课文中的形象就鲜活起来,课文中的情感就能流动起来,课文中的语言也会积淀并内化为学生自己的语言。

教学建议

课文向我们展示了一幅幅美好、深情而富有童心童趣的画面。只要我们带着一颗爱心,带着对真挚友情的向往,去朗读这篇课文,就一定会受到深深的感染。对于这一课的朗读教学,可不必追求抑扬顿挫的整齐的朗读效果,而是要引领学生述情景,谈体会,说感受,充分地进行语言实践与体验,使学生结合自己的生活感受由心底迸发出对松鼠和小熊之间真挚的友谊而产生的或感动或兴奋的情感,再将情感自然而然地释放于朗读之中。

本课要将朗读贯穿于教学的始终,可采用多种朗读形式,如自读、范读、跟读、配乐读、品味式读、交流式读等,充分尊重学生个体内心的独特感受,使学生在读中思考,读中体验,读中感受。可根据课文的内容配上音乐:课文第 1 至 6 自然段写了松鼠和小熊成为好朋友的经过,是情绪欢快的部分,配以轻松欢快的音乐进行有感情的朗读,使学生充分理解友谊给人带来的快乐。第 7 至 9 自然段写了松鼠和小熊吵架后各自的感受,是情绪忧伤的部分,欢快音乐戛然而止,应代之以忧伤的乐曲,可以感染学生的情绪,在这种氛围中指导朗读、理解课文,一切就都水到渠成。另外,课文的插图惟妙惟肖地表现了松鼠和小熊的心情,可充分利用插图来辅助朗读、感悟。还可以让学生在朗读后,想一想:和好时,小熊放飞的美丽风筝上如果有一张卡片,他会写什么?怎么读出小熊想要表达的感情呢?

第24课 风娃娃

|原|文|呈|现|

　　风妈妈有个可爱的风娃娃。风娃娃长大了,他想像妈妈一样去帮助人。风妈妈说:"到田野里去吧,在那里,你可以帮人们做很多事情。"

　　风娃娃来到田野,看见一架大风车正在慢慢转动,抽上来的水断断续续地流着。他深深地吸了一口气,鼓起腮使劲向风车吹去。风车一下子转得飞快!抽上来的水奔跑着,哗啦哗啦地向田里流去。秧苗喝足了水,笑着不住地点头。风娃娃高兴极了。

　　风娃娃又来到河边,看见许多船工正拉着一艘大船。他们弯着腰,流着汗,"嗨哟,嗨哟"喊着号子,可是船却走得很慢很慢。他急忙跑过去,对着船帆用力吹了口气,船飞快地跑了起来。船工们笑了,一边收起纤绳,一边向风娃娃表示感谢。

　　风娃娃想:帮助人们做好事,真容易,只要有力气就行。

　　他这么想着,来到一个广场上。那里有几个孩子正在放风筝。风娃娃看见了,赶紧过去用力吹。风筝在空中摇摇摆摆,有的还翻起了跟头。不一会儿,风筝被吹得无影无踪,孩子们伤心极了。

风娃娃却一点儿也不知道,他仍然东吹吹,西吹吹。就这样,风娃娃吹跑了人们晾晒的衣服,折断了路边新栽的小树……人们都生气了,纷纷责怪他。

风娃娃不敢再去帮忙了,他委屈地在天上转着,想着:我帮人们做事情,为什么他们还责怪我呢?风娃娃回家去问妈妈。妈妈说:"孩子,做事情光有好的愿望还不行,还要看是不是真的对别人有用。"

文 | 本 | 简 | 析

课文是"相处"主题单元中的一篇童话故事。课文语言活泼浅显,优美生动,富于童趣。课文中的风娃娃既乖得可爱,又"傻"得可爱。他认为做好事很容易,只要有力气就行,结果把风筝吹跑了,把人们晒的衣服吹跑了,还折断了新栽的小树,人们都责怪他,他还不知道为什么呢。课文结尾风妈妈的话阐明了一个道理:"做事情光有好的愿望不行,还要看是不是真的对别人有用。"

朗 | 读 | 指 | 导

课文插图中的风娃娃长着胖乎乎的脸,圆溜溜的大眼睛,非常可爱。首先就让人觉得,即使他做了"坏事",也不会很招人讨厌,因为他一心想帮别人,可还不懂怎样才是真正为人们做好事。

课文第1自然段写风娃娃长大了,"他想/像妈妈一样/去帮助人",这句话要让学生注意停顿和重读,"像妈妈"和"帮助"读的语气稍重,体现出风娃娃想和妈妈一样去帮助别人的迫切愿望。风妈妈鼓励风娃娃去帮助别人。这里可以引导学生想象,妈妈在平时是怎么鼓励自己的,联想妈妈说话时的样子,一定是和蔼可亲的,低声细语的,而且妈妈肯定是很欣慰的，所以读的时候语调要轻快，语气要温柔，读出妈妈内心的喜悦和欣慰之情。

"风娃娃来到田野，看见一架大风车正在慢慢转动，抽上来的水断断续续地流着。"抓住这句话中的关键词"慢慢转动"和"断断续续"，帮助学生理解"断断续续"，想象水一会儿有一会儿没有，流得很不畅快的样子。语气读得重一些，语速稍慢，读出风车慢慢转动的笨重样子，水断断续续很艰难地流淌着的样子。这时风娃娃来了，他深深地吸了一口气，使劲向风车吹去。风车一下子转得飞快！抽上来的水奔跑着，向田里流去。风娃娃来得真及时啊！这时朗读速度可加快，读出轻快愉悦的语气，和之前形成鲜明的对比。"秧苗喝足了水，笑着不住地点头。"可以微笑着去读，语调高一点儿，语速稍快，读出秧苗喝饱了水之后的满足感。"风娃娃高兴极了。"这句要把风娃娃成功地帮助了别人之后的得意、自信、高兴读出来。

接着风娃娃又来到了河边。看见船工弯着腰，流着汗，喊着号子，费力地拉着船，船却走得很慢。这里出现了一个象声词"嗨哟"，是船工号子的声音，要指导学生读好，读出船工拉船时的艰难和费力。"他急忙跑过去"，语速可稍快，"急忙"重读，体现出他的迫不及待和热心。他对着船帆吹起来，船在水面上飞快地行驶。风娃娃给船工们帮了大忙，所以船工们笑了，一边收起纤绳，一边向风娃娃表示感谢。这里也要用一种轻松愉快的语调读，和前面形成对比。

"风娃娃想：帮助人们做好事，真容易，只要有力气就行。"这时的风娃娃已经有些得意，"真容易"可读得重一些，语调稍高，要把他的这种得意、自信读出来，用一种自信满满甚至带点骄傲的语气去读。"有力气"要读得稍重，因为这是风娃娃后面只知道用力而做了"傻事"的前提。

接下来风娃娃却做了不少傻事。他看见一群孩子在广场上放风筝，于是"赶紧过去用力吹"，强调"赶紧"，读出着急的语气，来表现风娃娃想继续做好事帮助别人的急切心情和热情。糟糕了，"风筝在空中摇摇摆摆，有的还翻起了跟头。不一会儿，风筝被吹得无影无踪，孩子们伤心极了。"这番情景要用难过失望的语气来读，语调稍低沉。

可是风娃娃却一点儿也不知道，仍然东吹吹，西吹吹，又搞了不少"破坏"，受到了人们的责怪。风娃娃感到很委屈也很疑惑："他委屈地在天上转着，想着：我帮人们做事情，为什么他们还责怪我呢？"这句话中要抓住"委屈"这个词，读的时候语速要放慢，语调降低，读出他的难过和困惑。风娃娃只能回家去求助妈妈，妈妈说："孩子，做事情／光有好的愿望／还不行，还要看／是不是／真的／对别人有用。"这个句子较长，要指导学生根据语意断句，"真的"要作为重音加以强调。这是妈妈继课文第1自然段后，又一次对风娃娃说的话，可先引导学生想象，如果自己遇到困难无法解决，或遇到困惑的事情，或在外边受了委屈，回家向妈妈诉说，妈妈一般会怎样？一定是会安慰自己的孩子的。所以这里要读出妈妈那种宽厚、亲切、温暖、耐心的语气，体现出妈妈循循善诱、语重心长地给孩子讲道理的样子。

教 学 建 议

课文中的最后一句话"做事情光有好的愿望还不行，还要看是不是真的对别人有用"是学生理解的难点。我们一直强调学生是学习的主体，教师主要作为学习活动的组织者和引导者，语文教学应以学生的自读自悟、自学探究为基础，提倡自主、合作探究的学习方式，而要二年级学生达到这个理想目标还不太可能，所以教师的有效引导显得更为重要。学习不能脱离实际生活，教师可以联系学生的生活经验，引导和调动学生的情感体验。比如可以让学生来说说风娃娃都做了哪些事：风娃娃会给干活干得很累出了汗的人擦汗，带来凉爽；风娃娃会关窗，有时把玻璃也打碎；大风有时会把房子吹倒，等等。学生的想象力是丰富的，感情是细腻的，他们可以说出风的许多好处和坏处。因此可以让孩子们继续想一想，其实风娃娃一心想做好事，为什么又会做坏事呢？我们是不是也遇到过这样的情况呢？这样可以帮助学生更好地理解课文蕴含的道理，从而带着这种体会和感悟通过朗读进一步加深对课文的理解。

三年级上册课文朗读指导

第1课 大青树下的小学

|原|文|呈|现|

早晨,从山坡上,从坪坝里,从一条条开着绒球花和太阳花的小路上,走来了许多小学生,有汉族的,有傣族的,有景颇族的,还有阿昌族和德昂族的。大家穿戴不同,来到学校,都成了好朋友。那鲜艳的服装,把学校打扮得绚丽多彩。同学们向在校园里欢唱的小鸟打招呼,向敬爱的老师问好,向高高飘扬的国旗敬礼。

"当,当当!当,当当!"大青树上的铜钟敲响了。

上课了,不同民族的小学生,在同一间教室里学习。大家一起朗读课文,那声音真好听!这时候,窗外十分安静,树枝不摇了,鸟儿不叫了,蝴蝶停在花朵上,好像都在听同学们读课文。最有趣的是,跑来了两只猴子。这些山林里的朋友,是那样好奇地听着。下课了,大家在大青树下跳孔雀舞、摔跤、做游戏,招引来许多小鸟,连松鼠、山狸也赶来看热闹。

这就是我们可爱的小学,一所边疆的小学。古老的铜钟,挂在大青树粗壮的枝干上。凤尾竹的影子,在洁白的墙上摇晃……

|文|本|简|析|

这是"学校生活"主题单元中的一篇课文,是当

代散文作家吴然创作的抒情散文。吴然的创作以儿童散文为主,作品多取材于云南的自然风光和少数民族少年儿童生活,常以儿童视角叙写,洋溢着童心,作品充满自然之美、童趣之美、民俗之美、生活之美。课文通过描写西南边疆的一所小学,反映了孩子们幸福的学习生活,体现了我国各民族儿童的友爱团结。这是一所美丽的学校,美得很有特点:各民族的小学生身着鲜艳的民族服装,把学校装点得绚丽多彩;古老的铜钟,还有凤尾竹,更增添了学校的乡村气息和民族特色。这是一所团结的学校:同学们来自不同的民族,穿戴不同,语言不同,但都成了好朋友,在祖国的大家庭里,在鲜艳的五星红旗下共同生活,在同一间教室里学习。这是一所充满了欢乐、祥和气氛的学校:孩子们课上认真读书,课下尽情玩耍,连小动物也来聆听读书和看热闹。

朗 读 指 导

整篇课文贯穿着自豪、赞美之情,因而在朗读课文时,教师要让学生把握住课文的感情基调,让学生把对学校的热爱、自豪、赞美的情感真正表达出来。朗读时总体上把握住轻快的基调。

课文的叙述顺序很清楚,是按上学路上、来到学校、上课、下课、文末点题这样的顺序写的。

第1自然段从学生上学的路上写起,学生从四面八方向学校走来,这是早晨山村学校附近常见的情景,但和普通的山村小学不同的是,这所小学很美。一方面,这里的景色特别美丽,条条小路上开着绒球花和太阳花,充满云南边寨的地域特色;另一方面,这里学生的服装美,这些学生穿着鲜艳漂亮的民族服装,成为这所小学的一道独特的、亮丽的风景线。第1自然段要读得高兴、亲切,表现出小学生热爱自己学校并引以为自豪的感情。教师指导学生带着喜欢的心情有感情地朗读这些句子，让学生想象课文描写的情景，产生内心视象，感受学校的美并把这种感觉读出来。"从山坡上，从坪坝里，从一条条开着绒球花和太阳花的小路上"中三个表示方位的状语，要读得有变化，用不同的重音和声调来处理。因为他们来自不同的地方，属于不同的民族，却有着共同的目标：去上学，所以要特意强调方位词和民族。"从山坡上"的"山坡"重读，"从坪坝里"的"坪坝"也是重音，但要读得比"山坡"轻些，而且"从山坡上，从坪坝里"都是升调，但"从坪坝里"的语调比"从山坡上"稍平些，把方位的高低不同区别出来。"从一条条开着绒球花和太阳花的小路上"中的"小路上"是次重音，"绒球花""太阳花"是重音而且要读得亲切轻柔，把孩子们对它们的喜欢、对自然、对学校的爱表现出来。"那鲜艳的服装，把学校打扮得绚丽多彩"，强调"鲜艳""绚丽多彩"，"绚丽多彩"语速放慢，声调提高，把民族服装的漂亮、把学生内心的自豪感抒发出来。学生来自不同的民族，语言不同、服装不同，但成了好朋友，在学校里一起学习、生活，感到无比的快乐、幸福。不同民族的学生团结友爱，这样的学校让学生感到自豪。"有汉族的，有傣族的，有景颇族的，还有阿昌族和德昂族的。"朗读时进一步体会学生发自内心的自豪感情，把多民族的独特之处体现出来。四个"有……"要读得有变化，体现多民族的特点。"大家穿戴不同，来到学校，都成了好朋友"中的"好朋友"重读，"好"读得最重，以突出学生的团结友爱。"同学们向在校园里欢唱的小鸟打招呼，向敬爱的老师问好，向高高飘扬的国旗敬礼。"这句不仅写出了学生对自己学校的爱、对老师的爱和对伟大祖国的爱，而且表现出了盎然的童心童趣。孩子是非常亲近动物的，在儿童的眼中，小鸟和他们一样是有思想有感情的，小鸟就是他们的好朋友，和他们一样分享在这所小学学习的快乐。朗读时，在轻快的总基调的基础上,又根据表达的内容区别处理。"同学们向在校园里欢唱的小鸟打招呼",用次重音强调"欢唱的小鸟",读出亲切、快乐的语气,相对柔和一些,用重音强调"打招呼",突出孩子对小鸟的喜爱和孩子的活泼可爱;"向敬爱的老师问好",用次重音强调"敬爱",用重音强调"问好",读出学生对老师的尊敬之情;"向高高飘扬的国旗敬礼"以更饱满的感情朗读,节奏渐慢。"高高飘扬"声调稍高一些,突出其高,把五星红旗在高空迎风招展的情景表现出来。"敬礼"重音强调,读得相对更庄重一些,突出庄严神圣之感。

第2自然段写上课的钟声敲响了。这是气氛的过渡,由刚到校的兴奋、欢快转入安静的学习氛围。"当,当当!当,当当!"象声词的朗读不要用实声,要用虚声形象地模仿钟发出的声音。"大青树上的铜钟敲响了"的重音处理可以是"大青树上的铜钟/敲响了"。以此照应题目。

第3自然段赞美了学生课上认真读书,课下尽情游戏、玩耍的情景。这个自然段是课文的精髓所在,充满了儿童情趣,也是课文和学生之间一座自然沟通的桥梁。上课的部分要读得轻一些,突出上课时孩子的认真。孩子读书时发出的稚嫩的童声本来就是天籁之音,"那声音真好听"是发自内心的称赞,强调"真"稍停顿一下,朗读时一定要把对不同民族孩子之间和谐关系的赞美和他们由衷的自豪之情表达出来。教室里的孩子读书读得认真,读得入情入境,读得有声有色。他们好听的读书声吸引了窗外大自然的生物——孩子的朋友们(树枝、鸟儿、蝴蝶、猴子),它们好像也听得懂似的,都安静下来,一齐聆听孩子的美妙声音。只有在这样的边疆小学,才能见到如此场景。这几句在朗读时,可把语速稍放慢,读得轻些,语气柔和,饱含喜爱之情,突出动植物被孩子读书声吸引和不忍心打扰孩子的学习而静静倾听的样子，最重要的是表现出它们的可爱。可这样处理重音："最有趣的是，跑来了两只猴子。这些山林里的朋友，是那样好奇地听着。"强调"最""好奇"，表现出小猴子的可爱。

下课了，校园成了欢乐的海洋。孩子在大青树下自由自在、无拘无束地跳舞、做游戏，他们的欢乐吸引了许多小动物，它们心生羡慕，赶来看热闹。这些小动物的出现，更加突出了地处边疆的小学的特别之处，为学校增添了欢快、活泼的气氛。朗读时突出下课时的热闹，与前面的"静"相区别，声调稍高一些，节奏稍快一些，突出课下欢快、活泼的气氛。

课文最后一个自然段用"这就是我们可爱的小学，一所边疆的小学"直接抒发了孩子的自豪之情，他们为这所学校的美丽而自豪，为自己在这里快乐的生活而自豪！大青树上古老的铜钟和它每天发出的悠扬的钟声、美丽的凤尾竹和它摇曳的影子是这所小学的标志，它们都将成为孩子的记忆中难以磨灭的印记，一辈子都不会忘怀，也暗示在枝繁叶茂的大青树庇护下的各族儿童一定是团结幸福的。这个自然段要读出自豪赞美的感情，用饱满的气息、更高昂的语调读前一句。后两句写出了一所令人难以忘怀的学校，古老的铜钟，凤尾竹的影子，使人感到钟声悠悠不绝，影子绵绵萦绕。这是借景抒情，抒发对这所小学的热爱和难以忘怀之情。特别是最后一句"凤尾竹的影子，在洁白的墙上摇晃……"的后面以省略号来结束全文，给人留下无限回味和想象的空间。这句语速可以适当慢一些、深情些。读到"摇晃"时声音渐弱，气息控制好，采用拖腔，这样不仅给人结束的感觉，而且也给人遐想的空间。

教 学 建 议

　　课文是一篇感情真挚的儿童散文，抒发了作者对这所边疆小学自豪与赞美的情感，全文贯穿着一个"情"字。在朗读指导过程中要抓住这条感情线索，并将这条线索贯穿于全文的朗读指导之中。先要引导学生感受、理解课文内容。引导学生通过对课文的整体把握和重点词句的理解，了解这所可爱的小学中，学生的团结友爱及他们幸福、快乐的学习生活，体会贯穿全文的自豪、赞美之情。这样在读懂课文、理解课文的基础上，他们不仅能把握住课文朗读的轻快的基调，带着自豪、赞美的感情来朗读，而且对于语气、重音、节奏等朗读技巧的处理的用意也自然就明白了。

　　教师可在课前布置预习，让学生搜集有关少数民族的资料，特别是有关云南少数民族的一些资料，如我国有哪些少数民族、少数民族服饰的图片及民族之间团结友爱的故事；还可以搜集一些有关云南边寨自然风景的图片，为指导学生感知文本内容奠定基础。

　　当然，理解文本时，还可以启发学生结合自己的校园生活加深理解，读出感情。

第 2 课　花 的 学 校

原 文 呈 现

　　当雷云在天上轰响，六月的阵雨落下的时候，湿润的东风走过荒野，在竹林中吹着口笛。

　　于是，一群一群的花从无人知道的地方突然跑出来，在绿草上跳舞、狂欢。

妈妈，我真的觉得那些花朵是在地下的学校里上学。

他们关了门做功课。如果他们想在放学以前出来游戏，他们的老师是要罚他们站墙角的。

雨一来，他们便放假了。

树枝在林中互相碰触着，绿叶在狂风里簌簌地响，雷云拍着大手。这时，花孩子们便穿了紫的、黄的、白的衣裳，冲了出来。

你可知道，妈妈，他们的家是在天上，在星星所住的地方。

你没有看见他们怎样地急着要到那儿去吗？你不知道他们为什么那样急急忙忙吗？

我自然能够猜得出他们是对谁扬起双臂来，他们也有他们的妈妈，就像我有我自己的妈妈一样。

文本简析

这是"学校生活"主题单元中的一篇课文，选自泰戈尔的《新月集》。课文是一首散文诗，散文诗是兼有散文和诗歌特点的一种文体。它的特点是具有散文的外观，不像诗歌那样分行和押韵，但又不乏内在的音韵美和节奏感，既有诗的情绪和幻想，又有散文的内涵。课文语言优美而富于童真童趣，作者从花的身上产生了奇思妙想，巧妙地从孩子的视角叙述花的顽强、向上、活泼、可爱、美丽，运用清新流畅的笔触，勾画出甜美纯净的儿童世界。一个具有丰富而细腻想象力的孩子，在看到六月里雷雨交加之后青草地上冒出的花时，就在自己想象的天空里自由驰骋起来。他想象在地下有个花的学校，许多花朵在那里上学；想象在墙角冒出来的零星小花是犯错误被老师罚站的小孩儿；雷雨来时，花便穿着各色衣裳冲出学校放假了；猜测花这么急切地生长，是因为要回家去寻找他们的妈妈。

朗｜读｜指｜导

教师在指导朗读的过程中，可引导学生结合自己的生活实际、情感体验，抓重点词语，边读课文边想象，结合自己对课文内容的理解，入情入境，想象画面，体会花的天真烂漫、活泼可爱、勇敢坚强和积极向上的特点。

第1和第2自然段描写阵雨降落时，花在绿草地上跳着狂欢的舞。教师可引导学生抓住"雷云在天上轰响"来想象画面：想象会看到什么，听到什么。教师也可播放雷电交加的图片和声音，让学生直观感受"雷云在天上轰响"。"湿润的东风走过荒野，在竹林中吹着口笛。"作者运用了拟人的修辞手法，赋予东风以人的特点。东风可以"走过荒野"，可以"吹着口笛"，这种写法多么形象生动啊！"湿润"一词概括了东风的特点，要重读，这一句要带着轻松欢快的语调来读。第2自然段的句子有点长，这么长的句子一口气读不完，恰当地在一些地方停顿一下，读起来会更有诗意。这句的停顿和重音可这样处理："于是，一群一群的花／从无人知道的地方／突然跑出来，在绿草上／跳舞、狂欢。"可以让学生思索：为什么是"一群一群的花"，而不是"一朵一朵的花"呢？教师要引导学生抓住"一群一群"想象花很多，想象热闹非凡的场面，抓住"跳舞""狂欢"来想象花随风摆动、特别开心的情景。读的时候语调上扬，用欢快的语气读出花的喜悦。教师适时地引导学生抓住这些重点词语来想象，就能和作者心意相通，仿佛看到作者眼中的栩栩如生的画面，这样朗读起来自然能读出感情色彩。

第3自然段中的长句停顿和重音可以这样处理："妈妈，我真的觉得／那些花朵／是在地下的学校里上学。"课文中的孩子想象地下有花的学校，那些跑出来的花朵是在地下的学校里上学的学生。可以让学生结合自己的真实体验来感受。花作为学生也要做功课，他们要是放学以前出来玩，是要被老师罚站墙角的。他们也会放假，雨一来，他们便放假了。这部分要读出花的顽皮可爱以及放假了的兴奋心情。

第 6 自然段描写花孩子们在雨中穿着各色的衣裳，冲了出来。这一段更要引导学生充分发挥想象。"互相碰触"让我们想象到树枝在林中互相碰撞着，似乎在欢呼、在摇摆。"簌簌地响"仿佛让我们听到了树叶扇动的美妙声音，似乎是一曲美妙的音乐。"拍着大手"仿佛让我们看到黑云在翻滚，仿佛听到了那隆隆的雷声，像是雷云在为花鼓掌。要抓住"紫的""黄的""白的"描写颜色的三个词语，想象花的五颜六色，非常鲜艳，读时语气稍重，生动一些，语调要有高低变化，读出诗的节奏。重读"冲"，想象花孩子们争先恐后地，像孩子一样着急跑出来的样子。这是多么热闹欢快的一番场景！读的时候语速稍快，读出高兴的语气。要试着用朗读的方式把这么美的画面展现出来。

第 7 至 9 自然段，作者的想象大胆而独特。"你没有看见／他们／怎样地急着／要到那儿去吗？"可让学生想象时联系自己的生活。想象自己着急回家去和爸爸妈妈相聚时的心情，读出急切的语气。想象花孩子们急急忙忙赶回家，见到妈妈后的幸福喜悦。课文最后一个自然段也是长句，要读好停顿，可这样处理："我／自然能够／猜得出／他们／是／对谁／扬起／双臂来，他们／也有／他们的／妈妈，就像／我有／我自己的／妈妈／一样。"以充满深情的语气结尾。

教 | 学 | 建 | 议

教师在教学过程中，可引导学生抓住重点词句，细细揣摩，反复吟诵，品味语言的精妙。一边读课文一边想象画面，深入感受作者想象的丰富奇妙，体会课文语言的生动形象。阅读是学生个性化的行为，学生丰富细腻的想象将加深对文本的理解感悟，朗读训练也只有与想象力相融合，才能真正达到"在诵读过程中体验情感，展开想象，领悟诗文大意"的要求。

第5课　铺满金色巴掌的水泥道

| 原 | 文 | 呈 | 现 |

一夜秋风，一夜秋雨。

我背着书包去上学时，天开始放晴了。

啊！多么明朗的天空。

可是，地面还是潮湿的，不时还能看见一个亮晶晶的水洼，映着一角小小的蓝天。

道路两旁的法国梧桐树，掉下了一片片金黄金黄的叶子。这一片片闪着雨珠的叶子，一掉下来，便紧紧地粘在湿漉漉的水泥道上了。

我走在院墙外的水泥道上。水泥道像铺上了一块彩色的地毯。这是一块印着落叶图案的、闪闪发光的地毯，从脚下一直铺到很远很远的地方，一直到路的尽头……

每一片法国梧桐树的落叶，都像一个金色的小巴掌，熨帖地、平展地粘在水泥道上。它们排列得并不规则，甚至有些凌乱，然而，这更增添了水泥道的美。

我一步一步小心地走着，一片一片仔细地数着。我穿着一双棕红色的小雨靴。你瞧，这多像两只棕红色的小鸟，在秋天金黄的叶丛间，愉快地蹦跳着、歌唱着……

要不是怕上课迟到，我会走得很慢很慢的。

一夜秋风，一夜秋雨。

当我背着书包去上学时，第一回觉得，门前的水泥道真美啊！

| 文 | 本 | 简 | 析 |

这是"金秋时节"主题单元中的一篇课文，是描写秋景的散文。作者按时间顺序描写了一夜秋风秋雨后被金黄的叶子铺满的水泥道。这是一次不同寻常的发现和心灵之旅。作者立意新颖，由小及大，对景物描写细致入微，从形、色、影三个方面描写了景色特征，表现了人与自然和谐相处的主题，激发了孩子对生活以及大自然的热爱和感恩之情。课文意在提醒人们要善于发现并感受生活中那些平凡中的不平凡，使生活永远充满孩童般的新鲜感；教育儿童要留心生活，品味自然，养成善于观察发现与思考的好习惯。课文结构严谨，首尾呼应。语言优美、朴实、晓畅，充满童真童趣。

| 朗 | 读 | 指 | 导 |

这是一篇美文，读起来朗朗上口，因此，"美读"是本课最重要，也是最主要的方法。《义务教育语文课程标准》中指出："阅读是学生个性化的行为。""不应以教师的分析代替学生的实践"，对于三年级学生来说，教师更无须过多地对文本解读分析，最重要的是让学生多读，同时教师可以借助对学生读书的评价，帮助学生在读中去感受、领悟，使学生感受到语言文字所描绘的鲜明形象，引起学生对课文中描述的事物与景致的兴趣和关注，入境入情，促进学生自悟自得，受到美的熏陶，从而激起学生观察大自然的兴趣。

课文前两个自然段描写了作者在一夜秋风秋雨之后出门上学，是对事实的客观陈述，语气可读得舒缓一些。第 3 自然段开始抒情，出现了感叹词"啊"，而且用的是叹号，说明"我"的心情是充满惊喜的，要读出赞叹和喜悦的语气，读的时候声音上扬且强烈。第 4 和 5 自然段是对自己所见景物——地面和金黄色的落叶的一般描写。作者观察得细致入微，描写得也很具体。语气变得平和舒缓。第 6 自然段中作者运用了比喻的修辞手法，把水泥道上的树叶比作一块彩色的地毯，可引导学生想象这幅彩色的画面，画面非常美，所以朗读的时候语速要慢一些，让人感觉读者已经深深地陶醉在了这幅美景之中。第 7 自然段作者同样运用了比喻的修辞手法，把法国梧桐树的落叶比作金色的小巴掌，画面依旧多彩美丽，朗读时语速也依旧稍慢，才能给人以美的享受和回味的余地。第 8 自然段写"我"走在水泥道上的感受，这时的画面不仅增添了一抹亮色，还具有了动感，"我""愉快地蹦跳着、歌唱着……"读的时候一定要轻快一些，读出"我"愉悦欢快的心情。第 9 自然段描写了作者的内心活动，"我"非常欣赏和留恋这番美景，但因为怕走得太慢上学会迟到，所以又有一点点无奈，读的时候语气稍强烈，以强调"我"对美景的喜爱与恋恋不舍。第 10 自然段与开头呼应，这时候学生应该对这个"夜"字有了更深刻的理解，正是因为刮了一夜的风，下了一夜的雨，时间很长，才会产生这么多的落叶，才会有如此这番美景！所以这里应该读得舒缓一些，读出秋风秋雨后的舒畅之感。最后一个自然段，作者再次发出对美景的感叹，可用赞叹的语气收尾。

教 学 建 议

语文学习教无定法，贵在得法。本课重在如何指导学生感悟语言文字的美，因此教师不必细细讲解和分析课文，应充分重视读的作用，以读代讲。针对本课语言优美，情境奇妙，画面感强的特点，可引导学生用"自读自悟、美读交流、入景体验、升华情感"等学习方法来理解课文内容，在教学中一定不能忽视学生在头脑中想象画面的过程，这样才能更好地感悟课文意境之美，体验探究自然之乐，这也才是一个完整的阅读欣赏文本的过程。

教师在教学中可设计不同形式的读，如范读、个别读、齐读等，让读贯穿在课堂的全过程。让学生在每次读的过程中都有收获，比如通过理解课文主要内容，品悟课文中所蕴含的感情，并且在具体情境中，让学生读得入情入境，和主人公一同走在铺满金色巴掌的水泥道上，去感受在铺满金色巴掌的水泥道上的那份快乐和欢愉，以及对铺满金色巴掌的水泥道由衷的喜爱之情。

小学生生活经验少，但好奇心强，容易激发兴趣，因此，可运用多媒体情境法，创设多种情境，如展示与课文相关的图片，使学生在完全置身于课文所描绘的情景的同时，轻松、愉快、积极、主动地学习。同时，形象直观的课件展示，有助于学生读懂课文，感悟到语言文字带来的美，体验到发现的乐趣，也有助于教师突出教学重点，突破教学难点。

第6课 秋天的雨

| 原 | 文 | 呈 | 现 |

　　秋天的雨，是一把钥匙。它带着清凉和温柔，轻轻地，轻轻地，趁你没留意，把秋天的大门打开了。

秋天的雨,有一盒五彩缤纷的颜料。你看,它把黄色给了银杏树,黄黄的叶子像一把把小扇子,扇哪扇哪,扇走了夏天的炎热。它把红色给了枫树,红红的枫叶像一枚枚邮票,飘哇飘哇,邮来了秋天的凉爽。金黄色是给田野的,看,田野像金色的海洋。橙红色是给果树的,橘子、柿子你挤我碰,争着要人们去摘呢!菊花仙子得到的颜色就更多了,紫红的、淡黄的、雪白的……美丽的菊花在秋雨里频频点头。

秋天的雨,藏着非常好闻的气味。梨香香的,菠萝甜甜的,还有苹果、橘子,好多好多香甜的气味,都躲在小雨滴里呢!小朋友的脚,常被那香味勾住。

秋天的雨,吹起了金色的小喇叭。它告诉大家,冬天快要来了。小松鼠找来松果当粮食,小青蛙在加紧挖洞,准备舒舒服服地睡大觉。松柏穿上厚厚的、油亮亮的衣裳,杨树、柳树的叶子飘到树妈妈的脚下。它们都在准备过冬了。

秋天的雨,带给大地的是一曲丰收的歌,带给小朋友的是一首欢乐的歌。

| 文 | 本 | 简 | 析 |

这也是"金秋时节"主题单元中的一篇课文,是想象奇特、抒情意味很浓的散文。虽然题目的中心词是雨,但实际写的是秋天。秋雨只是作为一条线索,将秋天众多的景物巧妙地串起来,从整体上带出一个美丽、丰收、欢乐的秋天。作者抓住秋天的特点,从秋天的到来写起,写了秋天缤纷的色彩,秋天丰收的景象,还有深秋中各种动物、植物准备过冬的情景。作者用散文的笔触,从感觉、视觉、味觉、听觉等方面为我们描绘出秋雨中大地的多姿与事物的变化。满篇洋溢着童真、童趣。课文旨在使学生通过作者生动的描写体会秋天的美好,

感受课文的语言美,这也是本课的教学重点。课文语言优美绝伦,使用了多种修辞手法,或把秋雨人格化,或把秋雨比喻成生活中常见的事物,或很含蓄地抒发感情。这些被艺术化了的语言,可能会给小学生造成理解上的困难,这是教学上的一个难点。

朗 读 指 导

课文语言生动优美,适合朗读训练,因此,教学本课主要是要引导学生展开想象,体会文章创造的意境。通过有感情地朗读,读出秋雨的韵味,感悟秋天的美好,在理解、朗读中陶冶自己的情感,积累语言;还可配上抒情的音乐让学生朗读,以便更好地进入课文的情境。

课文第1自然段讲秋天是在人们不知不觉中来到的,为什么会不知不觉?因为秋雨虽凉,但不冷,使人爽快;秋雨也不会太大,细雨如丝,润物无声。课文中连用了两个"轻轻地",朗读的时候,声音要轻一些,要给人轻松、舒服、沉醉的感觉。为什么说秋天的雨很温柔呢?因为雨丝很细,可以让学生想一想,有没有淋过秋雨?感觉怎么样?是不是像在抚摸你的脸一样,很轻柔?让学生带着这种体会来读。秋雨那么温柔地下,似乎怕被人发现,轻轻地,再轻一点……用一把钥匙(这里注意"钥匙"的"匙"读轻声),打开了秋天的大门。

第2自然段中作者为我们描述了一幅色彩斑斓的图画,极具画面感和动感。课文中用了"扇哪扇哪""飘哇飘哇"这两个词语,这里注意对多音字的学习:"扇子"的"扇"读第四声,"扇哪扇哪"的"扇"读第一声。"哪"和"哇"其实都是语气词"啊"根据前一个字音节的韵尾的音变,这样读起来更富于变化。"扇哪扇哪"说明夏天是慢慢地走的,秋天是慢慢地来的,我们仿佛看到了银杏叶像一把把黄色的小扇子,轻轻地、轻轻地帮我们扇走了夏天的炎热。秋雨带来了习习凉风，让人舒爽；红色的枫叶在空中飞舞，缓缓飘落，这是一幅多么美妙的画面！应引导学生读出舒缓的节奏。还可借助多媒体技术或者让学生朗读的时候配上动作，加强学生的直观感受。

秋雨给我们带来了清凉和温柔，也给我们带来了丰收和快乐。接下来的描写更富于动感和情趣。在读的过程中要把"你挤我碰""争着"和"频频点头"几个表示动作的词语读得重一些，语调要欢快、活泼，在朗读中想象五彩缤纷的花朵和水果你争我抢的动态画面。

第3自然段中作者用形象传神的词语描写了很多可口的水果，"香香的""甜甜的"要加重语气（不一定是重音，轻声处理也可以）。可让学生回忆一下尝过的水果的味道，想象被这些水果的香味吸引的样子，这样才能读出被香味"勾住"的感觉。我们喜爱秋天的原因之一是可以品尝到多种多样香甜的水果，所以读的时候也要体现出欣喜的感情。

在第4自然段中可体会到大自然的勃勃生机，应该读出语段中蕴含的积极情感。让学生结合课文内容想象小动物们准备过冬时忙忙碌碌的模样。可以指名几个学生合作朗读本段。朗读要自然而亲切，读出小动物们的可爱。最后一个自然段："秋天的雨，带给大地的是一曲丰收的歌，带给小朋友的是一首欢乐的歌。"这句应注意加点词语的重读，以欢快的语调收尾。

教 学 建 议

学生刚刚由二年级升入三年级，这个阶段在阅读方面虽然有了一定的方法和速度，但阅读理解和感悟能力还不够，而且学生可能由于阅历不足无法产生对秋天原野的直观感受。因此引导学生通过抓具体的语言文字，正确、流利、有感情地读好课文，通过语言文字感受课文中描写的秋天美景，体会作者对秋天的喜爱之情仍是本课教学的重点。

著名教育家叶圣陶先生说："美文需美读。"朗读的过程就是学生发现美、感受美的过程。"美读"就是有感情有表情地诵读课文，诵读时要充分调动学生的各种感官，使学生多方面立体化地感知文本之美，产生"如见其人，如闻其声，如临其境"的美的感受。这就告诉我们美读最重要的不是技巧，而是情感，是读者与作者心灵的相通。

美读的最高境界就是做到情出肺腑，语同己出。这种美感，只有通过加强朗读，品味语言来感知。因此朗读始终是语文教学中至关重要的一个环节。一节成功的语文课，琅琅的读书声总能给人以美的享受。在本课的教学设计中，可重点以"读"为主线贯穿整个课堂，让学生在读中感悟、读中想象，把抽象的、文学性的语言转化为具体的想象，让一幅幅秋天的图画呈现在孩子们的眼前。在读懂课文内容的基础上，通过各种方式的朗读，如想象读、自由读、个人读、集体读、表演读，把抽象的形象变为具体的形象，读出文章的情，读出秋天的美，以达到"美读"的目的。

第10课 在牛肚子里旅行

| 原 | 文 | 呈 | 现 |

有两只小蟋蟀，一只叫青头，另一只叫红头。它们是一对非常要好的朋友。有一天，吃过早饭，青头对红头说："咱们玩捉迷藏吧！"

"那让我先藏，你来找。"红头说。

"好吧！"青头说完，转过身子闭上眼睛。

红头向周围看了看,悄悄地躲在一个草堆里不作声了。

"藏好了吗?"青头大声问。

红头不说话,只露两只眼睛偷偷地看。它心想:我要是一答应,就会被青头发现。

正在这时,一头大黄牛从红头后面慢慢走过来。红头做梦也没有想到,大黄牛突然低下头来吃草。可怜的红头还没有来得及跳开,就和草一起被大黄牛卷到嘴里了。

"救命啊!救命啊!"红头拼命地叫起来。

"你在哪儿?"青头急忙问。

"我被牛吃了……正在它的嘴里……救命啊!救命啊!"

青头大吃一惊,它一下子蹦到牛身上,可是那头牛用尾巴轻轻一扫,青头就给摔到地上了。青头不顾身上的疼痛,一骨碌爬起来大声喊:"躲过它的牙齿,牛在这时候不会仔细嚼的,它会把你和草一起吞到肚子里去……"

"那我马上就会死掉。"红头哭起来。它和草已经一起进了牛的肚子。

青头又跳到牛身上,隔着肚皮和红头说话:"红头!不要怕,你会出来的。我听说牛肚子里一共有四个胃,前三个胃是贮藏食物的,只有第四个胃才是管消化的!"

"可是你说这些对我有什么用呢?"红头悲哀地说。

"当然有用。等一会儿牛休息的时候,它要把刚才吞进去的草重新送回嘴里,然后细嚼慢咽……你是勇敢的蟋蟀,你一定能出来的。"

"谢谢你!"红头的声音小得几乎听不见了。它咬着牙不让自己失去知觉。

红头在牛肚子里随着草一起移动,从第一个胃到了第二个胃,又从第二个胃回到了牛嘴里。这一下,红头又看见了光亮。可是,它已经一动也不能动了。

这时,青头爬到牛鼻子上,用它的身体在牛鼻孔里蹭来蹭去。

"阿嚏!"牛打了一个喷嚏,红头随着一团草一下子给喷了出来。

红头看见自己的朋友,高兴得流下了眼泪:"谢谢你……"

青头笑眯眯地说:"不要哭,就算你在牛肚子里作了一次旅行吧!"

文 本 简 析

课文是"感觉童话丰富的想象"主题单元中一篇有趣的科学童话。课文通过讲述"红头"和"青头"两只小蟋蟀玩捉迷藏,"红头"不幸误入牛肚子里,在牛肚子里作了一次惊险的"旅行",最后在"青头"的帮助下逃脱的危险经历,告诉学生一个有关动物生理学的知识:牛有四个胃,吃食具有反刍现象。课文虽然篇幅较长,但是情节生动有趣,语言活泼,充满童真童趣,将科学小知识讲得有声有色,通俗易懂。课文同时也阐述了一个生活中的哲理:在遇到困难和危险时,要乐观和镇定地面对,并开动脑筋想办法战胜困难。

朗 读 指 导

课文的情节跌宕起伏,在朗读时要引导学生体会"红头"在旅行过程中的心情,了解"青头"对它的无私帮助和热心鼓励,感受"青头"对待朋友的真诚,指导学生有感情地朗读。课文中人物对话较多,要根据人物心情和课文中的过渡语句读出语气语调的变化。总体来说要注意读出"红头"紧张着急的心情,读出"青头"的勇敢真诚和沉着冷静。

课文开头部分讲述了"红头"和"青头"在一起玩捉迷藏的游戏。

可以引导学生结合生活体验，回想自己和好朋友玩耍时的快乐情景。要用轻松欢快的语调朗读，以便与下文形成对比。正当"红头"和"青头"玩得兴致勃勃的时候，意外情况发生了，"红头"一不留神，和草一起被大黄牛卷到嘴里了。"救命啊！救命啊！""红头"拼命地叫起来。让学生抓住"拼命"和"叫"，体会"红头"的恐惧、慌乱、不知所措，读的时候语调要高，语速要快。"'你在哪儿？'青头急忙问。"抓住"急忙"，体会"青头"焦急的心情，语速也要快一些，语调上扬，读出疑问的语气。"我被牛吃了……正在它的嘴里……救命啊！救命啊！"这里用的省略号表示说话时断断续续，反映出当时人物的心情，"红头"由于紧张和恐惧，说话是断断续续的，但它仍然拼命地大声喊着救命，要读出"红头"当时绝望的心情。"青头大吃一惊"，读出"青头"的惊讶，抓住"一下子""不顾""一骨碌"几个关键性的词语，感受"青头"知道"红头"的危险处境后的着急、勇敢、奋不顾身，以及它对朋友的牵挂关爱之情。这一段语速要读得稍快，读出"青头"的焦急。"'那我马上就会死掉。'红头哭起来。"通过"哭"体会"红头"心情的变化，"红头"更加害怕，已经哭起来，觉得自己几乎没有生还的可能了。读的时候略带哭腔，读出它更加绝望的心情。"青头又跳到牛身上，隔着肚皮和红头说话"，"跳"体现了"青头"的果断和着急，因为是隔着牛肚皮说的，所以它对"红头"说的一番话一定要读得大声、清晰，而且要读出沉稳冷静、自信肯定的语气，语速稍微慢一点，把每个字都读清楚。"红头！不要怕，你会出来的。"这是"青头"对"红头"的鼓励，"会"重读，说明"青头"坚信自己能救出"红头"，要读出坚定和鼓励的语气。"它会把你和草一起吞到肚子里去……"这里的省略号省略了"青头"被"红头"打断的话。时间那么仓促紧迫，"青头"为什么还要说最后一句？学生在教师的引导下展开联想，可以更好地体会当时情况的危急和人物的心情。"青头"认为"红头"生还的希望还是很大的,可"红头"却悲哀地说:"可是你说这些对我有什么用呢?"关注提示语"悲哀",读出红头的伤心绝望,读这句时语气要低沉,语速要缓慢。"'谢谢你!'红头的声音小得几乎听不见了。""几乎听不见了"也是重点短语,读红头的话时声音要逐渐微弱。"红头在牛肚子里随着草一起移动,从第一个胃到了第二个胃,又从第二个胃回到了牛嘴里。这一下,红头又看见了光亮。可是,它已经一动也不能动了。"这段文字要读出感情的起伏变化。"红头又看见了光亮","又"和"光亮"重读,语调轻微上扬,读出充满希望的惊喜。"可是,它已经一动也不能动了。"语调降低,读出对红头的担忧。最后,牛打了一个喷嚏,"红头"随着一团草一下子给喷了出来,"红头"得救了。教师要引导学生体会"红头"劫后余生的激动,指导学生入情入境地朗读,这一部分读的时候语调恢复轻快,读出"红头"激动的心情和对"青头"的感激之情。

教│学│建│议

　　课文故事情节紧张曲折,引人入胜,能够抓住孩子的心,使其一气呵成地读完。本课重在引导学生抓住"青头"的语言及行为,"青头"对朋友充满真挚的情感,在危急关头沉着冷静,奋不顾身地帮助朋友,并能灵活果断地运用自己的知识救出朋友。"青头"的这些精神品质值得学生仔细朗读品味,可引导学生自读、自悟。在深入理解文本的基础上,教师可放手让学生在课上进行多种形式的朗读,尤其是分角色朗读。语文教学需要文道有机结合,需要学生在感悟文字的过程中深入理解文本内涵。例如在了解了"红头"的遭遇后,教师可让学生仔细品读描写青头的句子,并谈谈自己的感受,体会"青头"说的话句句是在激励"红头",才给了"红头"以信心。提倡学生读出自己的感悟体会,这样既尊重了学生个性化的朗读体验,又培养了学生品词析句的能力。

第17课 古诗三首

|原|文|呈|现|

望天门山

〔唐〕李白

天门中断楚江开,

碧水东流至此回。

两岸青山相对出,

孤帆一片日边来。

|文|本|简|析|

　　课文中的三首古诗都是围绕"祖国河山"这个单元主题编排的。这首诗是李白第一次经过天门山时所作的,诗歌通过对远望天门山所见的景象和内心体验的描述,赞美了大自然的神奇壮丽,表达了作者乐观豪迈的情感。诗的头两句描写山川气势:"天门中断楚江开,碧水东流至此回。"第一句主要先写山,天门山似乎是由于水流的冲击而从中间豁然断开,江水从断口奔涌而出。第二句写水,浩浩荡荡的长江水被天门山阻挡,激起滔天的波浪。第三、四句写行船的感受,坐在船上迎着阳光顺流而下,感觉两岸青山相对而来。《望天门山》

融情于景，借景抒情，诗中有画。作者以丰富的想象、生动的描写、凝练的语言，使这首诗的意境之美跃然纸上。教学这首诗应重点引导学生通过朗读体会感情，欣赏意境。

| 朗 | 读 | 指 | 导 |

古诗具有"一诗一画"的特点。"一画"就是当初诱发作者内心有所感的场景。教师应引导学生在头脑中想象那个画面，"看"到作者所感的那个场景，才能让学生体会到诗歌所创造的意境。

指导学生如何朗读要根据诗意而为。学习前两个诗句时，高大的天门山、汹涌奔腾的江水，一下了就把学生引到了长江边，学生眼前出现了长江，心中有了长江，口中便容易读出诗意中的长江，一切水到渠成。山高、水阔、帆远，这些景象组成的图画的境界是高广辽远的，是远"望"所见的，所以要读得慢一点，读出辽远的感觉。教师可以借助手势带领学生朗读，体会诗句的节奏和语调的高低。

"天门中断楚江开"中的"中"是个多音字，"中断"就是中间断开的意思，提醒学生这里读第一声。这一句应这样停顿："天门／中断／楚江开"（其余三句可照此停顿）。"楚江"（长江经过旧时楚地的一段，叫楚江）水的气势浩浩荡荡、水流汹涌，冲破天门山，使其中断而成为东西两座山，从而形成一座天设的门户。当然这是为了突出水的气势而采用的一种夸张的修辞手法。诗人用了"断"和"开"两个动词，使学生感受到了浩荡江水的威力，所以一定要读得有力量、有气势。

"碧水东流至此回。"浩荡而来的江水自西向东涌入天门山，天门山又对汹涌的江水有着反作用力。浩阔的江水，流经两山间的狭窄通道时，形成波涛汹涌的回旋。"回"就是回转，改变方向。长江水是浩荡的，但天门山硬生生地让浩荡的长江水改变了方向。可以让学生去体会天门山坚硬无比的感觉，读出天门山的无比雄伟和险峻气势。水是浩荡的长江水，山是险峻的天门山，山和水在暗暗较量，这个"回"一定要读好，要重读。

"两岸青山相对出，孤帆一片日边来。"作者并不是站在岸上遥望天门山，作者的立脚点是从"日边来"的"一片孤帆"的船上。青山立在两岸，日边有一孤帆，如果在常人看来，这只是一处美景罢了，但在李白的眼里是怎样的？此时李白的心情又是怎样的？可以让学生去设身处地体会。如果说乘"孤帆"从"日边"而来的李白是远方的客人，那么，青山就是当地的主人。它远远地为作者打开门扉、敞开怀抱。远客、青山，四目相对，主人是什么心情，客人又是什么心情？要读出这份惊喜和激动。在李白的眼里，天门山不仅仅是山，它还是富有灵性的人，是他的知己。这哪里仅仅是景，分明还有李白与青山的情，温暖热烈的情，因此"孤帆一片日边来"要读得温暖一些，这首诗的后两句读得要高昂一些，读出作者的欣喜豪迈之情。学完全诗，如果再让学生读题目"望／天门山"，学生自然能够带着一种远望且欣赏的心情去读了。

教 学 建 议

古人云："诗中有画，画中有诗。"古诗语言凝练，节奏鲜明，音韵和谐，朗朗上口，诗中所描绘的意象构成的意境美，能使学生受到美的熏陶，可以培养学生欣赏美、感受美的能力。但很多时候，古诗的教学都只是注重让学生理解诗的意思，忽视对意境的感悟。让学生感悟"诗境"，始终是古诗教学的难点。古诗教学其实是让不少语文教师感到头痛的事情，因为常常难以收到共鸣的效果。诗人所描绘的景象与学生的情感无法相通,有的只是干巴巴的反复诵读。没有动情的朗读,即便动用声、色、影像课件,也难以完全激发起学生与诗人的情感碰撞。学生一般都能正确地朗读,但往往读不出意境,读不出美感。如何使学生"读得美"就显得非常重要了。

学生对李白并不陌生,对他的诗歌特色已经有了一些了解。这首诗通过诗句末尾的四个动词——"开""回""出""来"将天门山的险峻挺拔,楚江的恢宏气势,诗人的豪迈激情体现了出来。可以引导学生对古诗"字斟句酌",去推敲、品味、赏析。在朗诵的过程中想象画面。教师可以抓住这四个动词,将学生的注意力引向"动作的发起者"——"楚江、天门山、孤帆",让学生充分发挥想象力,体会作者面对高山峭壁,滔滔江水产生的豪迈之感,感悟作者创造的意境。教师通过引导学生想象,感受作者激越的创作情绪,再引导学生带着体会和感悟去诵读,感受古诗的神韵,便能收到较好的教学效果。

原|文|呈|现

饮湖上初晴后雨

〔宋〕苏 轼

水光潋滟晴方好,

山色空蒙雨亦奇。

欲把西湖比西子,

淡妆浓抹总相宜。

文|本|简|析

这首诗是描写西湖的众多诗歌当中极为脍炙人口的一首。诗人以生动传神的笔墨描绘了西湖在不同气候下呈现的不同风姿。抓住了西湖夏季时晴时雨的特征，描绘了西湖的风采神韵，无论是"水光潋滟"的晴天，还是"山色空蒙"的雨天都美得恰到好处，表达了诗人对西湖的热爱与赞美。这首诗的概括性很强，它不是描写西湖的一处之景、一时之景，而是对西湖美景的全面评价。有人说："此诗一出，人人传诵，从此名湖佳人相映成趣。"西子是古代美女西施，苏轼的妙喻，让美丽的西湖和这位美女结缘，西湖从此被称为"西子湖"。教学中应抓住诗中的重点词句，引导学生理解感悟。同时应发挥诗歌形式利于朗读的优势，以读促思，以读悟情。

|朗|读|指|导|

历来，古诗欣赏有三种境界，一是反复诵读，理解诗意；二是想象画面；三是体悟意境。这也是理解文本的三个层次。这首诗歌的教学，重在使学生读出西湖的美，身临其境地走入晴日、雨天风姿不同的西湖，从而感受到"淡妆浓抹总相宜"的意境。可以抓住西湖晴、雨两幅图中的语境，从"水光潋滟""山色空蒙""方好""亦奇"中挖掘西湖在不同天气下的不同的美，将这两幅图铺展开来，将西湖的美读得富有层次和厚度。具体来说：题目和全诗的断句可这样处理：

饮湖上 / 初晴 / 后雨

水光 / 潋滟 / 晴 / 方好，

山色 / 空蒙 / 雨 / 亦奇。

欲把 / 西湖 / 比 / 西子，

淡妆 / 浓抹 / 总 / 相宜。

西湖无论是晴天的水，还是雨天的山，都美得让人沉醉。晴日里鲜艳明媚、波光粼粼，阴雨天烟雾蒙蒙、山色朦胧。这两句要读得美，就要读得慢，要有停顿，给人以回味的余地。可以让学生想象，面对这样的美景，你的心情是怎样的？一定是愉悦的和充满赞叹之情的，引导学生读出赞美的感情。"晴方好""雨亦奇"要读得重一些，尤其"雨"要重读。"潋滟"，波光闪动；"空蒙"，烟雨迷茫。"潋滟"与"空蒙"都是叠韵词，体现了诗歌语言的音乐美，要读出抑扬顿挫的感觉。

第三、四句是诗人的联想，他把西湖比作春秋时的美女西施，形象地写出西湖的婀娜多姿，刻画出西湖的风采神韵。这两句中的"淡妆浓抹"要读得舒缓一些，"总相宜"的"总"要强调重读，把诗人对自然美的崇尚之情读出来。

教 学 建 议

本诗总共不过二十八个字，算上诗题也不过三十五个字，除去"潋、滟、亦、妆"四个字未学，其余的字学生都已认得，求助于课文的五个注释，诗意的解释应无障碍。

古诗教学中，朗读是重头戏，只有通过朗读，才能让学生理解诗歌，体会到诗人表达的感情。根据三年级学生学习诗歌的要求，开始培养学生自主学习诗歌的能力，重视读诗的方法，通过"美读"和"趣读"激发阅读的主动性。本课教学重在引领学生反复诵读和想象画面，让他们从含蓄的诗句中领略西湖的美景并逐渐感悟出诗的意境。因此体会诗歌的意境仍是教学的重点和难点。

古诗教学使学生能够汲取中国古典文学的精粹。在现行的小学语文教材中，古代诗歌占有一定的数量，但由于学生知识面狭窄，对诗歌所描述的社会时代、人物思想及情感都有一定的距离，因而古诗教学一直不能达到预期的效果。教学中可充分利用多媒体形式增强直观性。古代诗歌具有对仗工整，平仄押韵，朗朗上口的特点，最适合吟唱。教学中若采用形象直观的录像，旋律优美的音乐，韵律悦耳的录音朗读就能够为学生提供生动形象的语言,有助于学生身临其境地体会作者的感情,加深对古诗的语言文字的理解,提高学生的朗读能力。

| 原 | 文 | 呈 | 现 |

望 洞 庭

〔唐〕刘禹锡

湖光秋月两相和,

潭面无风镜未磨。

遥望洞庭山水翠,

白银盘里一青螺。

| 文 | 本 | 简 | 析 |

这是一首描写洞庭湖的诗,作者选取独特的月夜、遥望的视角,把千里洞庭尽收眼底。首句描写湖水与皎洁的月光交相辉映的景象,第二句描绘无风时湖面平静的情状,第三、四句集中描写湖中的君山。作者通过丰富的想象和巧妙的比喻,将月夜的洞庭美景描绘得惟妙惟肖,跃然纸上,创造出了隽永优美的意境。作者笔下秋夜月光中的洞庭湖有一种宁静祥和的朦胧美,仿佛是一件精美绝伦的工艺珍品,给人以莫大的艺术享受。此诗表达了作者对美好自然的喜爱和赞美之情,表现了作者壮阔不凡的气度和高卓清奇的情致。

| 朗 | 读 | 指 | 导 |

这首诗的停顿可这样处理:湖光/秋月/两相和,潭面无风/镜未磨。遥望/洞庭/山水翠,白银盘里/一青螺。品读前两行诗,抓住"和"来引导学生想象水天一色的画面美。"和"指什么呢?为什

么会出现这样的美景呢？可以让学生想象，在一个月光如水的秋夜，抬头望月，月光照在湖面上，山水一色，秋月的清辉静静地洒在湖面上，湖面好像披上了一层薄薄的轻纱，这是一幅多么宁静、和谐的画面！所以才有"两相和"。由于"潭面无风"，作者看着那明净的湖面像是一个没有打磨过的铜镜。月朦胧，水朦胧，山朦胧，整个洞庭山水看起来若隐若现，恍恍惚惚，朦朦胧胧。看着湖水，看着明月，作者产生了如此完美的想象，一个"和"引发了许多遐想和感悟。这个"和"就是"诗眼"，所以读的时候可适当拖音。诗人的描写柔美而富于想象力，所以这里要引导学生用舒缓的语调，轻轻地读，读出柔和的美。

"遥望洞庭山水翠"，读"遥望"声调可抬高一些。山就是指君山，远远望去，洞庭湖和君山的颜色，就像"白银盘里一青螺"，"青螺"可用欣赏轻快的语调来收尾，不要拖长音。可以让学生展开联想，在月明星稀的夜晚，漫步在洞庭湖边，湖水清澈透明，明月发出柔和的清光，二者交相辉映融合在一起，你是不是会陶醉于这迷人的景色？诗人把洞庭湖比作白银盘，把君山比作青螺，秋夜朦胧中，君山就像一颗放在白银盘里的小巧玲珑的青螺，十分惹人喜爱。此时此刻，你感受到了诗人怎样的心情呢？试着用轻松愉快的语调读出此时诗人的心情。

教 学 建 议

作者以奇特的想象、确切的比喻，描绘了洞庭湖宁静的山水风貌。诗句充满了语言美和韵律美。但是对阅历尚浅的小学生来说，诗中有些字词难免有些深奥，如"相和""白银盘""青螺"，理解上有一定的难度。因此，如何让学生通过朗读理解诗句描写的意境、领悟诗句的语言美和韵律美,就成了教学难点。在让学生听完老师的范读之后,可以引导学生自由地读诗歌,读的过程中要求读准字音,注意停顿。接着指名几位学生朗读,然后再齐声朗读。为了帮助学生理解诗句的意思,需要将画面和朗读结合在一起,将想象和朗读结合在一起,感受景色之后再通过朗读加深对诗句的理解。

《义务教育语文课程标准》要求三、四年级学生要"诵读优秀诗文,注意在诵读过程中体验情感,展开想象,领悟诗文大意"。中年级的学生已经具有一定的自主学习能力,课堂上要真正把学习的主动权归还给学生,体现学生的主体性,教师的主要作用是引导与组织学生,帮助学生突破教学重难点。品味、领悟词语的含义,是培养和训练学生语感精确性的有效手段。教师可以通过让学生主动寻找关键词句,抓住关键词句,品味语言的内涵,进而使学生理解课文内涵,升华朗读的情感。此诗应让学生抓住这些加点的关键词:

湖光秋月 - 两相和,

潭面无风 - 镜未磨。(比喻)

遥望洞庭 - 山水翠,

白银盘里 - 一青螺。(比喻)

在小学中高年级的语文教学中,朗读无疑是教师教学语文、学生学习语文的金钥匙。在整个小学阶段,朗读的训练也最为关键,正如《语文课程标准》所言,要让学生充分地读,在读中整体感知,在读中有所感悟,在读中培养语感,在读中受到情感的熏陶。尤其在古诗教学中,以读促思,再以思促读,让学生在诵读过程中理解语言文字,并领悟到诗中所蕴含的情感,体会诗人所创造的意境,才能够达到诗歌教学的目标。

第19课 海滨小城

|原|文|呈|现|

我的家乡在广东,是一座海滨小城。人们走到街道尽头,就可以看见浩瀚的大海。天是蓝的,海也是蓝的。海天交界的水平线上,有棕色的机帆船和银白色的军舰来来往往。天空飞翔着白色的、灰色的海鸥,还飘着跟海鸥一样颜色的云朵。

早晨,机帆船、军舰、海鸥、云朵,都被朝阳镀上了一层金黄色。帆船上的渔民,军舰上的战士,他们的脸和胳臂也镀上了一层金黄色。

海边是一片沙滩,沙滩上遍地是各种颜色、各种花纹的贝壳。这里的孩子见得多了,都不去理睬这些贝壳,贝壳只好寂寞地躺在那里。远处响起了汽笛声,那是出海捕鱼的船队回来了。船上满载着银光闪闪的鱼,还有青色的虾和蟹,金黄色的海螺。船队一靠岸,海滩上就喧闹起来。

小城里每一个庭院都栽了很多树。有桉树、椰子树、橄榄树、凤凰树,还有别的许多亚热带树木。初夏,桉树叶子散发出来的香味,飘得满街满院都是。凤凰树开了花,开得那么热闹,小城好像笼罩在一片片红云中。

小城的公园更美。这里栽着许许多多榕树。一棵棵榕树就像一顶顶撑开的绿绒大伞,树叶密不透风,可以遮太阳,挡风雨。树下摆着石凳,每逢休息的日子,石凳上总是坐满了人。

小城的街道也美。除了沥青的大路,都是用细沙铺成的,踩上去咯吱咯吱地响,好像踩在沙滩上一样。人们把街道打扫得十分干净,甚至连一片落叶都没有。

这座海滨小城真是又美丽又整洁。

文｜本｜简｜析

这是"祖国河山"主题单元中描绘南国风光的一篇课文。课文介绍了家乡海滨小城美丽的景色，抒发了作者热爱家乡的思想感情。课文第一部分写小城海滨的景象。由远及近，先写海天一体的浩瀚大海的景色，再写海边沙滩的景观。作者用了很多表示颜色的词语，突出描写了景物的色彩，文中描写的景物色彩斑斓：蓝色、棕色、白色、灰色、金黄色、青色……这些丰富多彩的颜色，展示了海滨的美丽。课文第二部分写小城美丽的景色，分别描写了小城的庭院、公园、街道三处景物，都是先概括总的特点，再具体写景物的美，从而突出了小城既美丽又整洁的特点。作者先写海滨，再写小城，意在把小城放在海滨这个大的背景下，把小城衬托得更加美丽。海天寥廓，小城玲珑，浑然相契，美不胜收。

朗｜读｜指｜导

课文语言生动形象，洋溢着作者对家乡美景的赞叹之情，适合有感情地朗读，要引导学生反复朗读。

课文第1自然段主要描写了海上的景色。"天是蓝的，海也是蓝的。"这句的停顿和重音可这样处理："天／是蓝的，海／也是蓝的。"作者接着写了棕色的机帆船、银白色的军舰、白色和灰色的海鸥、云朵，可引导学生结合自己的生活经验，想象这幅美丽的海景图。"棕色""银白色""白色""灰色"几个表示颜色的词语要重读。第2自然段描绘了早晨在朝阳映照下的海上美景。清晨，一切都是朝气蓬勃的，朗读时节奏可以活泼轻快。第3自然段描写了海边沙滩。这一段的描写有静有动，作者运用了拟人的修辞手法，写贝壳是"寂寞地躺在那里"，读的时候语速稍慢，声音轻一些，以便与下文形成对比。"远处响起了汽笛声，那是出海捕鱼的船队回来了。"语调升高，读出惊喜的语气。"船上满载着银光闪闪的鱼，还有青色的虾和蟹，金黄色的海螺。"船上装载着的收获："鱼""虾和蟹""海螺"重读，强调收获的数量大和种类多。"船队一靠岸，海滩上就喧闹起来。"可让学生想象船队回来之后欢声笑语的场面，有汽笛声，有欢呼声，无论是捕鱼人还是等待他们的人一定是非常高兴甚至会欢呼雀跃，可引导学生体会捕鱼人满载着收获平安归来的心情，带着喜悦的语气读出喧闹的场景。不仅海滨绚丽多彩，作者还向读者展现出了一幅水产大丰收的生动画面。从这里我们看到作者的家乡不仅景美，而且人民勤劳，可以让学生想象如果自己是课文的作者，一定会为家乡的美丽和富饶感到骄傲。引导学生带着作者对家乡的这种感情朗读这个自然段。这部分静态和动态相结合的描写，突出了海滨景色生机勃勃、惹人喜爱的特点。

　　接下来的三个自然段分别描写了小城的庭院、公园、街道的美，要带着一种轻松惬意的感觉去朗读。写庭院，先概括写"每一个庭院都栽了很多树"，然后具体写这些树。"还有别的许多亚热带树木。""别的"要用重音读，以突出树的种类多；写桉树香飘满街，突出叶香，"满街满院"重读；写凤凰树的花像"一片片红云"，突出花美，特别是"热闹"一词，更形象地描绘出凤凰花争相斗艳、盛开怒放的情景。读的时候语速可稍快，语调稍高。这段描写不仅给了读者视觉上的享受，也给了读者嗅觉感受，可引导学生想象香味醉人的感觉，用充满向往和沉醉的语气朗读。写公园美，具体写了榕树的大和枝叶的密。重点体会"一棵棵榕树就像一顶顶撑开的绿绒大伞，树叶密不透风，可以遮太阳，挡风雨"。试着读出榕树多、枝叶茂而外形美的特点。写街道，具体写了街道的质地和干净，抓住几个重点词语"细沙""咯吱咯吱""一片"重点体会街道的独特与洁净。最后一个自然段以充满赞叹和喜爱的语气收尾，体现出作者对家乡的热爱之情。

| 教 | 学 | 建 | 议 |

　　课文文质兼美,语言明白晓畅,非常适合训练学生的朗读能力。在教学中,教师可运用齐读、赛读、小组读、自由读、指名读等朗读方式。通过反复朗读,让学生在读中想象小城美景,感悟作者的情感,在读中培养语感,并受到美的熏陶和感染。在"美读"中,学生会切实感受到语言文字的优美,激发出热爱大自然的情感。

第20课　美丽的小兴安岭

| 原 | 文 | 呈 | 现 |

　　我国东北的小兴安岭,有数不清的红松、白桦、栎树……几百里连成一片,就像绿色的海洋。

　　春天,树木抽出新的枝条,长出嫩绿的叶子。山上的积雪融化了,雪水汇成小溪,淙淙地流着。溪里涨满了春水。小鹿在溪边散步,它们有的俯下身子喝水,有的侧着脑袋欣赏自己映在水里的影子。

　　夏天,树木长得葱葱茏茏,密密层层的枝叶把森林封得严严实实的,挡住了人们的视线,遮住了蓝蓝的天空。早晨,雾从山谷里升起来,整个森林浸在乳白色的浓雾里。太阳出来了,千万缕耀眼的金光穿过树梢,照射在工人宿舍门前的草地上。草地上盛开着各种各样的野花,红的、白的、黄的、紫的,真像个美丽的大花坛。

　　秋天,白桦和栎树的叶子变黄了,松柏显得更苍翠了。秋风吹来,落叶在林间飞舞。这时候,森林向人们献出了酸甜可口的山葡萄,又香又脆的榛子,鲜嫩的蘑菇和木耳,还有人参等名贵药材。

冬天，雪花在空中飞舞。树上积满了白雪。地上的雪厚厚的，又松又软，常常没过膝盖。西北风呼呼地刮过树梢。黑熊躲进自己的洞里冬眠。紫貂捕捉野兔当美餐。松鼠靠秋天收藏在树洞里的松子过日子，有时候还到枝头散散步，看看春天是不是快要来临。

小兴安岭一年四季景色诱人，是一座美丽的大花园，也是一座巨大的宝库。

| 文 | 本 | 简 | 析 |

这也是"祖国河山"主题单元中的一篇课文，是一篇文质兼美的写景散文。作者按照一年四季的顺序，准确抓住景物特点，浓墨重彩地描绘了我国东北小兴安岭的美丽景色和丰富物产。课文思路清晰，结构分明，辞藻华丽，意境优美，抒发了作者热爱祖国壮美山河的感情。

| 朗 | 读 | 指 | 导 |

课文语言优美、生动、形象，富于感染力，适合有感情地朗读。要以读为主，以读来引导学生对课文内容的理解，让学生感悟作者对小兴安岭一年四季不同特点的描写，指导学生朗读时采用不同语气，在读中把作者对小兴安岭的喜爱、对祖国山河的热爱和向往之情表现出来。可引导学生朗读时根据课文内容，首先在头脑中想象一幅幅色彩鲜明的画面，以富于变化的语调读出每幅画面的特色。课文第2、3、4、5自然段开头的"春天""夏天""秋天""冬天"要重读，指明季节。大致的基调是：春天，语调要轻柔、缓慢，读出春天给小兴安岭带来的勃勃生机，读出作者看到小兴安岭春天到来的欣喜之情。夏天，描写树木的部分要带着赞赏之情去读；描写晨雾的部分要读得深沉有力；后两句描写五颜六色的鲜花要读出美感，充满火热的激情。秋天，是

收获的季节，小兴安岭物产丰富，对人们贡献很大，应该读出对它的赞美之情。冬天，应注意作者对动物拟人化的描写，要读得生动活泼，富有情趣。

第1自然段介绍了小兴安岭的概貌，交代了小兴安岭的地理位置。小兴安岭的森林广阔无垠，像绿色的海洋。朗读一开始，就要把感情调动起来，用充沛浓郁的感情、赞叹的语气来读，以激起人们对小兴安岭的向往。"有数不清的"中的"有"后略作停顿，"清"拖长，显示夸张的语气。"红松、白桦、栎树……"每一种树之间稍稍停顿，每一种树的第二个音节语调轻微上扬。这里用了省略号，表示树木种类太多，数也数不清。"几百里连成一片"，"百"和"片"重读，使人想象出那一望无垠的大森林。

第2自然段写小兴安岭春天的美景。春天来了，冰消雪融、万物复苏,天地万物生机勃勃,可运用轻缓的语调朗读。作者抓住"树木""积雪""小溪""小鹿"几种景物来描写。"春天，树木抽出新的枝条，长出嫩绿的叶子"，"新的枝条""嫩绿的叶子"是春天来了的象征，是那么的鲜嫩可爱，要读得亲切柔和，满怀欣喜。"抽出"形象地展示出树木的强劲有力，要重读，读得短促干脆。雪水在树木下的小溪里淙淙地流着，给人一种静谧的感觉。读这一句时声音要轻一点，用虚声。接着关于小鹿的描写也充满了春天的活力之美。"小鹿在溪边散步，它们有的俯下身子喝水，有的侧着脑袋欣赏自己映在水里的影子。"这个句子较长，可以多一些短促的停顿："小鹿／在溪边／散步，它们／有的／俯下身子喝水，有的／侧着脑袋／欣赏／自己映在水里的影子。"这种停顿是为了使语调活泼而富于变化，显示小鹿悠闲自得而又惹人喜爱的动态。小鹿的活动为这美丽的春色增添了活力和情趣，要像朗读童话一样，语速适当放慢。作者运用了拟人的修辞手法，"散步、欣赏"这两个词语本来是描写人的，作者却用来描写可爱的小鹿，显得十分传神。这里教师可让学生想象和体会小鹿愉快、得意的心情，用活泼、欢快的语气读出对小鹿的喜爱。

第3自然段写小兴安岭的夏景。作者抓住"树木""雾""太阳""草地""野花"等景物来描写。作者开头写树木的茂密时，连用了三个AABB式的叠音词"葱葱茏茏""密密层层""严严实实"，要强调读好轻重音。可引导学生想象树木长得郁郁葱葱、遮天蔽日的样子。接着描绘森林神秘的晨雾。"雾"重读，引起人的注意，后边略作停顿，启发听者联想晨雾与山谷和森林的关系。"乳白色"重读，略顿，"浓雾"语调稍高，语气略带新奇感，使人感觉这乳白色的浓雾似乎给茂密的森林蒙上了一层神秘的面纱。"封""挡""遮""浸"等词用得很形象，感染力强，要加重语气。一个"浸"字写出了早晨整个森林浓雾迷蒙、氤氲缥缈的特点。接下来作者生动形象地描写太阳出来、晨雾散去的森林景色。太阳照射下的工人宿舍和草地，使画面的色彩更加明丽。太阳驱散了浓雾，"千万缕耀眼的金光"，引导学生想象太阳光芒四射的样子，修饰语"千万""耀眼"要重读，读出气势。"穿过树梢"语速稍快，体现出阳光是直接照射到草地上的。最后作者用"各种各样"写出在森林的草地上野花盛开的多姿多彩。草地上野花的四种颜色可以读成两个一组，语调要抑扬顿挫，高—低—高—低，以显示丰富的色彩。最后一句，想象五彩缤纷的大花坛景象，读出赞叹的语气。夏天的整幅画面给人的感觉浓烈、艳丽、热闹、明快。朗读时音调可比上一段略高，语速略快，语调欢快有力，体现出树木的旺盛长势、森林的枝繁叶茂、野花的五彩斑斓。

第4自然段写小兴安岭秋天的美景。秋天，是金色的季节，收获的季节。小兴安岭有丰富的山货和药材资源。作者抓住"树叶""松柏""山葡萄""榛子"等景物来写。从白桦、栎树的叶子"变黄",松柏更"苍翠",落叶在林间飞舞,想象出秋天的森林绚烂美丽的色彩。这幅画以"黄"和"苍翠"为主色,又点缀着各种山果,因此使人一望而生丰收的喜悦。"黄"与"苍翠"两个主色调重读,突显秋景的特色。森林里的野果成熟了,"献"字重读,"山葡萄""榛子""蘑菇""木耳""人参"读为并列重音。显示味道之美的修饰语"酸甜可口的""又香又脆的""鲜嫩的",尾音轻轻上扬后略顿,读出垂涎欲滴的语气,勾起人们的食欲。

第5自然段写小兴安岭冬天的美景。作者抓住"雪花""树木""西北风""紫貂""黑熊""松鼠"等来反映小兴安岭冬季的特点。小兴安岭冬天雪花飞舞,银装素裹,也有着丰富的兽类资源。紫貂和黑熊躲进洞里,松鼠在枝头散步,给寒冷的冬天增添了生气。白色是冬天的主色,朗读"白雪"和"西北风",音调可稍低,尤其是象声词"呼呼"要低沉而有力,给人以风雪交加的寒冷之感。但小兴安岭的冬天却不是死气沉沉的,许多动物还经常出来活动。读紫貂、黑熊、松鼠等的活动时,音调语气要有变化,以突出各种动物过冬方式的不同;用沉稳略带诙谐的口吻传达出黑熊冬眠时的憨态可掬,用稍高起的语调读出紫貂吃野兔时的得意,用活泼的语调读出松鼠散步的悠闲自在;引导学生体会动物也在盼望春天的到来。

最后一个自然段,紧扣题目,总结全文,洋溢着作者对小兴安岭的赞美之情。仍然要以浓郁的感情、赞叹的语气朗读。"大花园"和"宝库"重读,吐字要慢,尤其是最后的"库"字,要倾注对小兴安岭的深沉的爱,用降调稳稳地收尾。

| 教 | 学 | 建 | 议 |

　　新课标注重让学生充分地读，在读中整体感知，在读中有所感悟，在读中培养语感，在读中受到情感的熏陶，不断提高审美情趣。教师在本课教学中可引导学生通过不同层次的朗读，激发学生对小兴安岭美丽景色的向往。可把朗读分为几个步骤：1. 初读。让学生读课文，谈谈自己对文字的理解，说说喜欢文中描写的哪些景色，让学生初步感受美。2. 再读。请学生把眼中的小兴安岭的四季画下来并简单描述。结合图画，再把自己眼中的小兴安岭的美读一读。学生心中的美便升华了。3. 充分调动学生的感官，让学生直观感受小兴安岭的美。可播放视频和优美的音乐，学生再次读课文，情感再升华。学生在读中融入真情，在读中理解，内心的情感被激发、被感染，才易与作者产生共鸣。

第 21 课　大自然的声音

| 原 | 文 | 呈 | 现 |

　　大自然有许多美妙的声音。

　　风，是大自然的音乐家。他会在森林里演奏他的手风琴。当他翻动树叶，树叶便像歌手一样，唱出各种不同的歌曲。不一样的树叶，有不一样的声音；不一样的季节，有不一样的音乐。当微风拂过，那声音轻轻柔柔的，好像呢喃细语，让人感受到大自然的温柔；当狂风吹起，整座森林都激动起来，合奏出一首雄伟的乐曲，那声音充满力量，令人感受到大自然的威力。

水，也是大自然的音乐家。下雨的时候，他喜欢玩打击乐器。小雨滴敲敲打打，一场热闹的音乐会便开始了。滴滴答答……叮叮咚咚……所有的树林，树林里的每片树叶；所有的房子，房子的屋顶和窗户，都发出不同的声音。当小雨滴汇聚起来，他们便一起唱着歌：小溪淙淙，流向河流；河流潺潺，流向大海；大海哗哗，汹涌澎湃。从一首轻快的山中小曲，唱到波澜壮阔的海洋大合唱。

动物是大自然的歌手。走在公园里，听听树上叽叽喳喳的鸟叫；坐在一棵树下，听听唧哩哩唧哩哩的虫鸣；在水塘边散步，听听青蛙的歌唱。你知道他们唱的是什么吗？他们的歌声好像告诉我们："我在歌唱，我很快乐！"

| 文 | 本 | 简 | 析 |

这是"我与自然"主题单元中的一篇课文，课文浅显易懂、生动有趣。语言生动优美，笔调清新活泼。课文采用总分的形式，结构简单严谨：第1自然段概括地说明"大自然有许多美妙的声音"，作为课文的总起。第2、3、4自然段分写，用拟人的修辞手法分别从风、水、动物三个方面描写了大自然中声音的丰富美妙。

| 朗 | 读 | 指 | 导 |

课文重点是第2至4自然段，教师要引领学生入境想象，引导学生通过朗读，想象课文中描述的声音，感受大自然的美。

"风，是大自然的音乐家。他会在森林里演奏他的手风琴。"教师可以询问学生：手风琴音乐家是怎样演奏（翻动）的？接着让学生想象，风是怎样翻动的呢？想象中我们仿佛看到森林里各种各样的树叶，有硬的、软的、大的、小的、厚的、薄的等，风翻动它时声音都不一样。相同的树叶在春天、夏天、秋天、冬天，风翻动它的声音也是不同的。课文中的描写是充满动感的。正如手风琴演奏家演奏各种风格不一，或者同一种风格但完全不一样的曲子。教师可以继续追问：课文中用了多少个"不一样"？告诉学生这些"不一样"要重读，以示强调。"当微风拂过，那声音轻轻柔柔的，好像呢喃细语，让人感受到大自然的温柔；当狂风吹起，整座森林都激动起来，合奏出一首雄伟的乐曲，那声音充满力量，令人感受到大自然的威力。"为了增强学生的直观感受，教师也可播放手风琴变奏曲，教师根据节奏的变换范读相关句子，强调"微风""狂风"，让学生在声音的变换中体会微风和狂风带给人的不同感受。通过"拂"体会风的力量很小，就像轻抚的感觉。抓住"轻轻柔柔""呢喃细语"来体会微风的温柔，想象出声音的轻柔美。"轻轻柔柔"：这是一个 AABB 式的叠音词，它比轻柔显得更轻柔，这就是作者用词的巧妙。可以让学生想象"呢喃细语"似乎在和妈妈说悄悄话，妈妈温柔地抚摸着我，一定是温暖幸福的。是啊，微风拂过时是妈妈在耳旁亲切的呼唤，像妈妈温柔而温暖的手抚摸着我们。这样想象着读，自然会把微风的轻柔读得轻轻的、缓缓的。那狂风的声音呢？一样吗？从"吹"看出，风的力量大了些，从"激动"看出很有激情，"雄伟""力量""威力"几个词都让人感觉到狂风的力量之大，要重读。这句语速可稍快，要读得急、猛，以体现狂风的雄伟。这里可以让男女生合作读（女生读"微风"部分，男生读"狂风"部分）。前半句如妈妈般的温柔、后半句如爸爸般的威严。教师适时用手势比画出朗读的节奏和声音的高低起伏。

"水，也是大自然的音乐家。"小雨滴敲敲打打，一场热闹的音乐会便开始了！连水也能演奏，真是生动有趣、热闹非凡。要读出欣喜、轻松、愉快的感觉。"所有的树林，树林里的每片树叶；所有的房子，房子的屋顶和窗户，都发出不同的声音。"这里用了顶针的修辞手法，读的时候语势要层层递进，语调越来越高，语速稍快。接着课文用了"滴滴答答""叮叮咚咚"等象声词。声音多好听啊！教师要指导读好"滴滴答答……叮叮咚咚……"的不同音效。可以让学生模拟这些声音，感受音乐会的热闹。"当小雨滴汇聚起来，他们便一起唱着歌：小溪淙淙，流向河流；河流潺潺，流向大海；大海哗哗，汹涌澎湃。从一首轻快的山中小曲，唱到波澜壮阔的海洋大合唱。"小雨滴不仅会演奏，还会唱歌。可以让学生说说自己体会到的水之乐曲的美妙，想象一下是什么让小小的雨滴拥有那么大的力量，可以唱出"大合唱"？一滴小雨滴能做到吗？想象小雨滴"汇聚"起来了，"淙淙、潺潺、汹涌澎湃"由轻到重，感受水声变化的美妙和小雨滴从小溪流向河流，最终汇入大海的奇妙经历。轻快的山中小曲，语气是轻松愉悦的。汹涌澎湃的声音，可在脑海中想象海浪拍打着礁石的画面，才能读出波澜壮阔的海洋大合唱的感觉。要根据不同水声的特点去朗读，语气从欢快活泼逐步过渡到雄壮有力。

听到了风之曲、水之歌，动物们也不甘示弱，来到音乐会上一展歌喉。最后这个自然段可以采用演读法，让学生模仿出相应动物的叫声，想象这些小动物可爱的样子，读出对小动物的喜爱。"我在歌唱，我很快乐！"这句用轻快的语调读，语调上扬，读出快乐的心情。

课文中用了很多象声词，读的时候均可处理成虚声：雨滴落下的声音是"滴滴答答"的；泉水流动的声音是"叮叮咚咚"的；树上"叽叽喳喳"的鸟叫；"唧哩哩唧哩哩"的虫鸣；小溪"淙淙"地流向河流；河流"潺潺"地流向大海；大海"哗哗"地汹涌澎湃。教师要让学生关注这些描写声音的词语，联系自己的生活经验去想象并读好这些词语。课文里到处藏着美妙的声音：美妙的演奏声、轻轻柔柔的呢喃细语、轻快的山中小曲、激动的声音、雄伟的乐曲、充满力量的声音、汹涌澎湃的声音、波澜壮阔的海洋大合唱……这些词语形容着声音的轻、柔、大、小，要引导学生根据这些提示语去对应体会，读出它们背后隐藏的感情。

| 教 | 学 | 建 | 议 |

  课文中没有生涩难懂的词语，作者用清新流畅富于韵味的文笔表现了大自然的美丽，旨在让学生真正走进大自然，体验大自然，发现大自然，激发学生对大自然的热爱之情。教学中应始终以朗读为主，可用课文中的第一句"大自然有许多美妙的声音"贯穿始终，重点指导学生朗读课文,感怡情感。要抓住描写声音的词，让学生边读边思考，大胆地展开想象，包括入境想象、乐器（手风琴）感知想象、角色体验想象等，让学生的想象在美读中飞扬。可以运用多种形式的读：教师范读，配乐读，自由读，分组读，师生合读，全班齐读，在读中生成独特的感知、体验和理解，在情境中感受风声的美妙，水声的有趣，动物声的快乐。这样不仅能培养学生的语感，也缩短了学生与文本的空间距离。让学生置身于自然之中，俨然成为大自然中的一员，才能与文本产生共鸣。

第 23 课　父亲、树林和鸟

| 原 | 文 | 呈 | 现 |

  父亲一生最喜欢树林和歌唱的鸟。

童年时，一个春天的黎明，父亲带着我从滹沱河岸的一片树林边走过。

父亲突然站定，朝幽深的雾蒙蒙的树林，上上下下地望了又望，用鼻子闻了又闻。

"林子里有不少鸟。"父亲喃喃着。

并没有看见一只鸟飞，并没有听到一声鸟叫。

我茫茫然地望着凝神静气的像树一般兀立的父亲。

父亲指着一棵树的一根树枝对我说：

"看那里，没有风，叶子为什么在动？"

我仔细找，没有找到动着的那几片叶子。

"还有鸟味。"父亲轻声说，他生怕惊动鸟。

我只闻到浓浓的苦苦的草木气息，没有闻到什么鸟的气味。

"鸟也有气味？"

"有。树林里过夜的鸟总是一群，羽毛焐得热腾腾的。

"黎明时，所有的鸟都抖动着羽毛，要抖净露水和湿气。

"每一个张开的喙都舒畅地呼吸着，深深地呼吸着。

"鸟要准备歌唱了。"

父亲和我坐在树林边，鸟真的唱了起来。

"这是树林和鸟最快活的时刻。"父亲说。

我知道父亲此时也最快活。

过了几天，父亲对我说："鸟最快活的时刻，飞离树枝的那一瞬间，容易被猎人打中。"

"为什么？"我惊愕地问。

父亲说："黎明时的鸟，翅膀潮湿，飞起来沉重。"

我真高兴，父亲不是猎人。

文 | 本 | 简 | 析

课文围绕"我与自然"这个单元主题展现了人与鸟之间亲密无间的关系,表现了人与自然和谐融洽的主题,让我们感受到了大自然的神奇美妙以及课文中的父亲热爱大自然的情感。课文没有直接写父亲是怎样保护鸟的,也没有直接描述父亲为鸟的生活环境提供了哪些方便,而是通过"我"和父亲关于鸟的对话,让我们了解到父亲通过看动静、闻气味就知道林中有鸟,还知道鸟什么时候爱唱歌,什么时候最容易受到伤害,让我们感受到了父亲对鸟的熟悉与爱,这种爱也感染了"我",使"我"有了爱鸟意识。

朗 | 读 | 指 | 导

课文中的对话比较多并且没有一个统一的感情基调,但人物的心情是有一个变化过程的。可让学生分角色朗读父亲与"我"的对话,让学生在反复朗读中体会人物的心情变化,想象意境,感受语言美,体会父亲对鸟、树林、大自然的热爱。

课文开头两个自然段是一般性叙述,交代了时间、地点和人物,读的时候语气平实。接着事情发生了变化:父亲突然站住了。这里"突然"要重读,以引起人的注意。"朝幽深的雾蒙蒙的树林,上上下下地望了又望,用鼻子闻了又闻",可以让学生联系自己的生活体验:在一个雾气蒙蒙什么都看不清楚的地方,会是什么样的感受。读这句的时候可带有一点疑惑的语气,因为"我"不清楚父亲停下来望了又望、闻了又闻是为了什么。但我们可以体会到父亲是在静静地用心地闻、观察。"'林子里有不少鸟。'父亲喃喃着。"读的时候可以模仿父亲的语气,声音低一些、轻一些,缓慢地读,体现出"喃喃"的特点。"我茫茫然地望着凝神静气的像树一般兀立的父亲。"这句话较长,要注意断句。停顿可这样处理:"我／茫茫然地／望着凝神静气的／像树一般兀立的／父亲。"同时可想象父亲的样子,父亲像一棵兀立的树,仿佛与树林已经融为一体了。这里"我"仍然是充满困惑和不解的,要读出这种感觉。父亲开始指引我观察,解答我的疑惑。"叶子为什么在动?"语调上扬,读出父亲疑问的语气。父亲对我说话时都是轻声的,小心翼翼的,生怕惊动了鸟,所以读的时候要体现出这种感觉。这里涉及了两种气味:浓浓的苦苦的草木气息和鸟的气味。依然可以引导学生调动已有的生活经验去想象,用重音去读"浓浓""苦苦"和"鸟"这几个修饰性的词语。"鸟也有气味?""我"实在不知道鸟到底有一种什么样的气味,更加疑惑,读的时候疑问的语气要加重。父亲回答"有",读出肯定的语气。父亲的解释非常贴切形象,仿佛让我们闻到了浓郁的草木的气息和鸟儿湿漉漉的味道。

接下来课文的基调开始明快。因为父亲知道鸟要在树枝上唱歌了。要抓住"舒畅"一词,语速可稍微加快,语气也可变得活泼一些,读出鸟的欢快舒畅,可以适时加上动作去读。多么美好的黎明、多么快活的鸟,我们仿佛身临其境地感受到了鸟的欢乐。可是课文到了这里,情绪却急转直下。鸟在歌唱着快活地飞上天空时,却不知它面临的危险——"黎明时的鸟,翅膀潮湿,飞起来沉重。"所以,"最容易被猎人打中"。朗读时要读出父亲担忧沉重的语气。读"我"的疑问时,声音可大一些,语调上扬,读出惊讶甚至带有一丝恐惧。课文最后说:"我真高兴,父亲不是猎人。""我"真的是由衷地感到高兴,又感到庆幸,读的时候要体会作者这种心情。这个想法多么稚气又多么纯真,蕴含着"我"的护鸟心愿。

|教|学|建|议|

　　这是一篇感情真挚、意味深长的课文,应让学生充分地朗读,体会父亲对鸟的挚爱之情。本课教学重点是抓住关键词句,感受父子俩对话语言的精练、优美;难点是在朗读过程中体会父亲的语言蕴含的情感,以及整篇课文的感情变化。新课标中始终关注学生的个体差异,珍视学生的独特感受和体验。在教学中要引导学生自己体会课文中的语气和感情色彩,抓住重点词深入理解、想象父亲的神态、动作、语气、心情,让学生深入文本,与文本进行心灵的沟通,在读中理解,在读中感悟,在读中升华。读的形式灵活多样:分角色朗读、听读、自读、品读、演读等,通过多种形式的读,激发学生的朗读兴趣和朗读热情,用声音去触摸文本,用心灵去揣摩文本。

第 25 课　掌　　声

|原|文|呈|现|

　　上小学的时候,我们班有位叫英子的同学。她很文静,总是默默地坐在教室的一角。上课前,她早早地就来到教室,下课后,她又总是最后一个离开。因为她小时候生过病,腿脚落下了残疾,不愿意让别人看见她走路的姿势。

　　一天,老师让同学们轮流上讲台讲故事。轮到英子的时候,全班同学的目光一齐投向了那个角落,英子立刻把头低了下去。老师是刚调来的,还不知道英子的情况。

　　英子犹豫了一会儿,慢吞吞地站了起来,眼圈红红的。在全班同学的注视下,她终于一摇一晃地走上了讲台。就在英子刚刚站定的那一刻,教室里骤然间响起了掌声,那掌声热烈而持久。在掌声里,我们看到,英子的泪水流了下来。掌声渐渐平息,英子也镇定了情绪,开始讲述自己的一个小故事。她的普通话说得很好,声音也十分动听。故事讲完了,教室里又响起了热烈的掌声。英子向大家深深地鞠了一躬,然后,在掌声里一摇一晃地走下了讲台。

从那以后,英子就像变了一个人似的,不再像以前那么忧郁。她和同学们一起游戏说笑,甚至在一次联欢会上,还让同学们教她跳舞。

几年以后,我们上了不同的中学。英子给我来信说:"我永远不会忘记那掌声,因为它使我明白,同学们并没有歧视我。大家的掌声给了我极大的鼓励,使我鼓起勇气微笑着面对生活。"

| 文 | 本 | 简 | 析 |

这是"美好品质"主题单元中的一篇课文。作者以第一人称的口吻回忆了上小学时一位内心很自卑的残疾同学英子,一个偶然的机会让她不得不面对全班同学的目光,意想不到的是,同学们给了她鼓励的掌声。在同学们的鼓励和支持下她克服了自卑、忧郁的心理。掌声也改变了英子的生活态度,使她从此鼓起了生活勇气,开始"微笑着面对生活"。课文通过描写英子在掌声前后的变化,表现了同学之间鼓励和关爱的力量。课文在某种程度上触及了人性之美,文中的字里行间让学生感悟到了理解、尊重、关爱和鼓励,读到了赞赏、真诚、温暖和坚强。

| 朗 | 读 | 指 | 导 |

课文讲述的故事发生在"我"小时候,这件事给"我"留下了深

刻的印象，让"我"感触很深。课文是以第一人称的口吻写的，读的时候要从容，娓娓道来。注意处理好重音和句中的停顿，本课表现的情绪有起伏，要结合课文内容理解、体会作者的感情。教师指导学生读出这些变化，关键是通过反复朗读，让学生进入情境中，领悟到人物的喜怒哀乐，深切体会英子的内心世界。根据课文描写的氛围变化，总体的感情基调应该是亲切的，可通过声音的变化，表现出英子在掌声前后的变化：课文的前半部分语调要低沉缓慢一些，后半部分语调要活泼跳跃一点。无论声音如何变化，都内在地饱含着一种强烈的理解、同情和赞美。

第1自然段写"我"小学的同班同学英子由于残疾而自卑，性格内向。开头的介绍要读得平和自然，语调适中。"总是默默地坐在教室的一角。上课前，她早早地就来到教室，下课后，她又总是最后一个离开。""默默""早早""总是""最后"几个词语具体描写了英子的性格，朗读时可语气稍重，她文静孤独，沉默寡言甚至有些孤僻。"因为她小时候生过病，腿脚落下了残疾，不愿意让别人看见她走路的姿势。"因为她小时候生过病，走路一摇一晃，所以不愿意让别人看到自己走路的样子。这句点明了英子自卑的原因，为后面发生的情况埋下了伏笔。朗读时语速稍慢，语调稍低，读出一种同情之感。

第2自然段写一次课上讲故事，轮到英子上台时的尴尬场面。"一天，老师让同学们轮流上讲台讲故事。"这是故事的起点，也是英子性格变化的转折点，声音可稍高一些，以引起听者注意。接下来朗读这句话时要把握此时同学们和英子不同的心理："轮到英子的时候，全班同学的目光一齐投向了那个角落"，表现了同学们的担心、期待，"英子立刻把头低了下去"是因为她内心自卑，而且我们猜测她此时内心一定是充满矛盾斗争的。朗读时语速逐渐加快，至句末声调减弱低沉。

第3自然段写英子终于站了起来，在同学们热烈的掌声鼓励下，出色地完成了讲故事的任务。这一段写得十分感人:"英子犹豫了一会儿,慢吞吞地站了起来,眼圈红红的。在全班同学的注视下,她终于一摇一晃地走上了讲台。""犹豫""慢吞吞""眼圈红红的"说明她很为难又很无奈,很害羞又很焦灼,但最终还是克服了害怕的心理。"犹豫""慢吞吞"这两个词要读得轻一点,前一句语调降低,语速放慢,表现出英子此时内心的犹豫、矛盾、担心;后一句中"走上了讲台"要读出坚定的语气,语调中饱含对英子行为的肯定和赞赏。"就在英子刚刚站定的那一刻,教室里骤然间响起了掌声,那掌声热烈而持久。"这句话表现了同学们对英子热情的支持和同学间的友爱默契。"骤然间""热烈而持久"要读得重一点,朗读时要读出同学们发自内心的对英子的激励和期待。"在掌声里,我们看到,英子的泪水流了下来。"这句话反映了同学们的掌声让英子很感动,给了英子很大的力量。要引导学生体会英子此刻复杂的内心,有激动,有感激。"掌声渐渐平息,英子也镇定了情绪,开始讲述自己的一个小故事。她的普通话说得很好,声音也十分动听。"这两句话为一般叙述,语调平静,张弛有度。其实对同一篇作品、同一个句子、同一个词语,人们的理解经常会有不同,正所谓"有一千个读者,就有一千个哈姆雷特"。因此,朗读处理也不会完全雷同。如刚才这句:"就在英子刚刚站定的那一刻,教室里骤然间响起了掌声,那掌声热烈而持久。"教师可先让学生想象画面,说说英子当时的心情怎样。学生有的可能会说"非常紧张",有的会说"非常害怕",有的会说"害怕嘲笑"。再让学生分别用自己体会到的心情读读这句话,最后让学生说说这一刻英子最需要的是什么,学生都知道是鼓励,再请同学把鼓励英子的感受读出来。这样的过程会使学生在主动积极的思考和朗读活动中,进一步加深对课文的理解。

第4自然段写讲故事以后英子的性格改变了。"从那以后,英子就像变了一个人似的,不再像以前那么忧郁。她和同学们一起游戏说笑，甚至在一次联欢会上，还让同学们教她跳舞。"这个自然段朗读的语气可变得明快喜悦，充满对英子发生变化的欣慰和惊喜，与上文英子的文静和忧郁形成鲜明对比。这里教师可以提示学生，你觉得这里应该用什么语气来读？为什么？可以先联系下文英子的来信让学生讨论：英子为什么会有这些变化？这是因为英子从同学们的掌声中感受到了爱，爱是快乐的源泉，英子从这种爱中获得了动力，鼓起了生活的勇气，她很珍惜同学们的掌声。因此，这里要读出欢快的语气。

最后一个自然段是课文的核心语段。虽然只有短短几句话，却是课文的主题升华和情感积聚所在。那一次掌声对英子人生道路有着重要作用。"几年以后"，停顿长一些，表现时光的流逝；两个"掌声"重点强调，紧扣文题；朗读英子信中的话，语气要坚定，表明英子已经渐渐成熟了，已经变成了一个坚强开朗、对生活充满信心的女孩。

| 教 | 学 | 建 | 议 |

课文语言质朴优美，平淡的叙述里面饱含着充沛的情感，既能使学生受到深刻的情感教育，又是进行朗读训练的好材料。课文主要通过人物外在的动作和语言描写来表现人物的内心感受，教师在教学时要引导学生"由外向内"感受这些情感。感悟理解课文和有感情地朗读课文是一个相辅相成的过程。教师要引导学生在深入体会作者所表达的情感的基础之上，融会自己的情感，入情入境，寓情于声，以读传情。每当学生获取了情感体验，就引导学生富于感情地朗读这个自然段。有感情朗读是进行情感体验的重要途径，体验有多深刻，需要通过朗读来检验。教师在进行朗读指导时，应要求学生读出节奏，读出情感，让他们在读中促进情感体验，在读中传达情感体验，在体验之后有感情地再次朗读，引领着情感体验活动不断走向深入，使学生

在感知语言文字的同时受到情感熏陶，产生强烈的情绪活动，并使思想感情得到升华。

第26课　灰　　雀

| 原 | 文 | 呈 | 现 |

　　有一年冬天，列宁在郊外养病。他每天到公园散步。公园里有一棵高大的白桦树，树上有三只灰雀：两只胸脯是粉红的，一只胸脯是深红的。它们在树枝间来回跳动，婉转地歌唱，非常惹人喜爱。列宁每次走到白桦树下，都要停下来，仰望这三只欢快的灰雀，还经常给它们带来面包渣和谷粒。

　　一天，列宁又来到公园，走到白桦树下，发现那只胸脯深红的灰雀不见了。他在周围的树林中找遍了，也没有找到。

　　这时，列宁看见一个小男孩，就问："孩子，你看见过一只深红色胸脯的灰雀吗？"

　　男孩说："没……我没看见。"

　　列宁说："一定是飞走了或者是冻死了。天气严寒，它怕冷。"

　　那个男孩本来想告诉列宁灰雀没有死，但又不敢讲。

　　列宁自言自语地说："多好的灰雀呀，可惜再也飞不回来了。"

　　男孩看看列宁，说："会飞回来的，一定会飞回来的。它还活着。"

　　列宁问："会飞回来？"

　　"一定会飞回来！"男孩肯定地说。

　　第二天，列宁来到白桦树下，果然又看到那只灰雀欢蹦乱跳地在枝头歌唱。那个男孩站在白桦树旁，低着头。

列宁看看男孩，又看看灰雀，微笑着说："你好！灰雀，昨天你到哪儿去了？"

当然，灰雀没有告诉列宁昨天它去哪儿了。列宁也没再问那个男孩，因为他已经知道，男孩是诚实的。

| 文 | 本 | 简 | 析 |

这也是"美好品质"主题单元中的一篇课文，是一篇短小的儿童故事，讲述的是列宁、灰雀和一个孩子之间发生的事。列宁在公园里寻找一只惹人喜爱的灰雀时，遇到了将灰雀捉走的男孩，经过交谈，受到感动的男孩将灰雀放了回来。这个故事体现了列宁善解人意，对男孩的尊重、爱护以及男孩的诚实和天真。

| 朗 | 读 | 指 | 导 |

课文表达了列宁对灰雀的喜爱和对孩子的尊重、爱护之情，朗读时教师要引导学生把握课文的这一感情基调，这样朗读才能准确到位。课文语言简洁生动，对话得体传神。在朗读时，把握儿童故事生动性的特点，要让学生在正确领会课文内容的基础上，深刻体悟列宁和男孩这两个人物的语言和神态，以恰当的语气语调把人物的内心世界表现出来，力求形象、生动、传神。

课文先写列宁在公园里看见了三只灰雀，十分喜爱它们。先以平稳稍慢的语速、客观叙述的语气来朗读。描写灰雀的语句要读得稍快，语调欢快，突出灰雀惹人喜爱。"粉红""深红"表现了灰雀外表的漂亮鲜艳；"来回跳动"突出了灰雀的活泼好动；"婉转地歌唱"体现了灰雀的鸣叫清脆好听。这些词语生动地表现出灰雀不仅外表非常美丽，而且活泼可爱,因而朗读时要重读,把对灰雀的喜爱之情表达出来。"非常""每次""都要""仰望""经常"这几个词语体现了列宁对灰雀喜爱的程度之深。朗读时应重读,语气读得深情些,表现出列宁对灰雀深深的喜爱之情。

接着课文写列宁发现灰雀消失之后,通过耐心、得体的交谈使孩子放回了灰雀。一天,列宁发现一只灰雀不见了,到处都找不到。读时语气带有焦急与失落,表现出列宁此时因为找不到这只灰雀而为它担心着急的心情。"深红""不见了""找遍""也没有"重音强调。"……灰雀不见了"一句,"灰雀"与"不见了"之间要停顿,突出"不见了"三个字。于是列宁问一个小男孩,两个人之间的对话十分准确地揭示了人物的内心世界,朗读时一定要根据人物语言仔细揣摩人物心理,用恰当的语气语调把他们的内心情感展现出来。列宁看见一个小男孩,就问:"孩子,你看见过一只深红色胸脯的灰雀吗?"列宁的问话要用着急而又和蔼的语气来读,语速比小男孩的语速要稍快。"没……我没看见。"男孩的回答是吞吞吐吐的,说明他说的是谎话,心虚,心里一定很紧张,让学生感觉到他显然与这只灰雀的失踪有关系。小男孩可能担心列宁知道是他捉走灰雀的,回答才吞吞吐吐。我们从中也可以看出这个小男孩是个诚实的孩子。读时要有停顿,气虚一些,声音可小一些,语调迟疑,读得结巴点,恰当地反映出男孩此刻的心理。紧接着列宁说:"一定是飞走了或者是冻死了。天气严寒,它怕冷。"朗读时用惋惜、担心的语气来读,"它怕冷"体现了列宁对灰雀的喜爱和担心,要重音强调。

"那个男孩本来想告诉列宁灰雀没有死,但又不敢讲。""本来"说明这个小男孩说话结结巴巴的原因——他知道灰雀去哪儿了,是他捉了灰雀,但怕列宁批评他,所以不敢讲。"不敢讲"毫无疑问,说明灰雀肯定是被他捉走了。朗读时"本来""不敢"要重读。"多好的灰雀呀，可惜再也飞不回来了。""多好""可惜"进一步体现列宁对灰雀的关爱之情，用赞美、惋惜的语气来读，语调先扬后抑。列宁的这句感叹使男孩的内心受到震动，看到列宁对灰雀如此喜爱、担心，男孩终于下定决心、鼓足勇气说："会飞回来的，一定会飞回来的。它还活着。"可以看出小男孩很纯真，他的话已很明确地表露出灰雀在他手里，并且他已暗暗决定要把灰雀放回来。男孩"看看"列宁，"看看"表现他下决心、鼓起勇气的心理变化过程，要重音强调。"一定""活"重读，"会飞回来的"用了两次，可以看出小男孩说话非常肯定。当他看到灰雀失踪后列宁那么着急，他不忍心让列宁难过，就告诉他真话——它还活着，希望列宁不必再担心。"一定会飞回来的"用比"会飞回来的"更确定的语气来读。听了孩子的允诺，列宁自然喜出望外。喜的首先是灰雀没有受到伤害，其次是小男孩能够认识到自己捉灰雀的错误。"列宁问：'会飞回来？'"这句要用惊喜又半信半疑的语气、高扬的语调来读。他的问话是很艺术的、很巧妙得体的。让男孩知道别人是这么喜爱这些小灰雀，自己绝对不能把灰雀再据为己有了。"肯定地说""一定会飞回来！"由此证明了男孩决心改正错误的心理，"肯定""一定"重读，读的时候语气更加坚定，声音更响亮。其实通过观察男孩的语言和行为，列宁早已经猜测到灰雀的消失与男孩有关，但是他没有直接问孩子是否将灰雀捉走或批评男孩，而是十分懂得儿童的心理，不想伤害男孩的自尊心。于是循循善诱，以自己爱灰雀的言行慢慢地感化男孩，使其决定放还灰雀，改正自己的错误。

　　课文倒数第3自然段写第二天那只灰雀飞回来了。当第二天列宁来到白桦树下，果然又看到那只失踪的灰雀在树枝上欢蹦乱跳地歌唱了。列宁真的是非常喜爱灰雀，一直惦记着灰雀，才会如此关注灰雀。这句读得轻快些，用惊喜的语气来读，"果然""欢蹦乱跳"重读，把列宁看到灰雀回来了的喜悦心情和灰雀的活泼可爱传达出来。送回灰雀以后,"那个男孩站在白桦树旁,低着头。"朗读这句语速可稍放慢,语调也由上句的扬变抑。小男孩"低着头"表明他虽然认识并改正了自己的错误,但是心里还觉得非常惭愧。另外他这样可能也是在等待列宁的批评。"低着头"要重音轻读。"列宁看看男孩,又看看灰雀",我们从中可以看出列宁早已明白灰雀昨天到哪里去了。列宁并没有问男孩,而是去问一个不会说话的灰雀,这一方面体现了列宁见到灰雀之后的惊喜,另一方面进一步体现出列宁对孩子的爱护与尊重。早已知道实情的列宁不想让男孩感到难堪才这样做的。"看看""又看看"这两个"看看"是充满爱意的,"微笑"也是因爱而产生的,朗读时重音强调。"你好!灰雀,昨天你到哪儿去了?"对灰雀的问话用充满温情的亲切问候的语气来读,体现列宁对灰雀的喜爱及见到它的惊喜。

鸟儿不懂人话,自然没有回答,列宁也没再问那个男孩,因为他已经知道,男孩是诚实的。朗读最后一个自然段节奏可平稳些,令人有回味的余地。"当然"之后稍作停顿,引起人们对事情结果的关注;"灰雀"读得柔和些,体现对它的喜爱;"男孩是诚实的"用坚信的语气读,体现列宁对儿童的爱护、信任。

| 教 | 学 | 建 | 议 |

让学生阅读、了解有关列宁的故事;还可以查找一些有关灰雀的图片或影像资料,让学生具体感知灰雀的可爱。课文中对话较多,可让学生通过分角色朗读课文来更好地把握人物心理。对话的朗读很关键。一个成人、一个儿童,音色要有区别。可引导学生用成熟、亲切的语气来读列宁的语言,体现他对儿童人格的尊重和爱护。男孩说话的声音相对天真些,要把其心理变化用相应的语气形象地表现出来。

参考文献

一、图书

（一）教材

1. 教育部.义务教育教科书 语文 一年级 上册[M].北京：人民教育出版社,2016.

2. 人民教育出版社,课程教材研究所,小学语文课程教材研究开发中心.义务教育教科书教师教学用书 语文 一年级 上册[M].北京：人民教育出版社,2016.

3. 教育部.义务教育教科书 语文 二年级 上册[M].北京：人民教育出版社,2017.

4. 人民教育出版社,课程教材研究所,小学语文课程教材研究开发中心.义务教育教科书教师教学用书 语文 二年级 上册[M].北京：人民教育出版社,2017.

5. 教育部.义务教育教科书 语文 三年级 上册[M].北京：人民教育出版社,2018.

6. 人民教育出版社,课程教材研究所,小学语文课程教材研究开发中心.义务教育教科书教师教学用书 语文 三年级 上册[M].北京：人民教育出版社,2018.

（二）专著

1. 张颂. 朗读学 [M]. 北京：中国传媒大学出版社，2010.
2. 张颂. 朗读美学 [M]. 北京：中国传媒大学出版社，2010.
3. 郭玉斌. 朗诵艺术的技巧与赏析 [M]. 北京：文化艺术出版社，2006.
4. 伍振国，关瀛. 朗诵训练指导 [M]. 北京：中国广播电视出版社，2006.
5. 华锋. 吟咏学概论 [M]. 郑州：大象出版社，2013.
6. 杨小锋. 教师发声训练教程 [M]. 北京师范大学出版社，2010.
7. 王璐. 播音员主持人训练手册 [M]. 北京：中国传媒大学出版社，1998.
8. 曾致. 朗诵艺术指要 [M]. 北京：中国传媒大学出版社，2007.
9. 赵介平. 朗读的魅力 [M]. 太原：山西人民出版社，2012.
10. 毛世桢. 朗读与朗读指导 [M]. 拉萨：西藏人民出版社，2012.
11. 窦桂梅. 跟窦桂梅学朗读 [M]. 长春出版社，2010.
12. 张华毓，胡兰. 我们的朗读课堂 [M]. 长春出版社，2010.
13. 谢伦浩. 千古名篇朗诵指导 [M]. 北京：石油工业出版社，2005.
14. 谢伦浩. 青少年节日活动朗诵指导 [M]. 北京：石油工业出版社，2005.
15. 殷之光，朱先树. 朗诵诗 [M]. 北京：人民文学出版社，1985.
16. 林庚，冯沅君. 中国历代诗歌选 [M]. 北京：人民文学出版社，1984.
17. 金波. 中外儿童诗精选 [M]. 上海人民美术出版社，2008.
18. 王福生. 诗歌朗诵艺术 [M]. 北京：中国广播电视出版社，2008.
19. 许地山. 落花生·许地山专集 [M]. 北京：同心出版社，2010.
20. 高瑛. 中国现代作家选集·艾青 [M]. 北京：人民文学出版社，1983.

21. 林志浩，王庆生. 中国现当代文学作品选读 [M]. 北京：高等教育出版社，1994.

22. 高洪波. 草叶上的歌 [M]. 上海人民美术出版社，2008.

23. 徐鲁. 祝福青青的小树林 [M]. 北京：人民文学出版社、天天文学出版社，2011.

24. 范燕生. 普通话水平测试指南 [M]. 北京：京华出版社，1996.

25. 张志毅，张绍麟. 普通话水平测试理论与实践 [M]. 上海辞书出版社，2004.

26. 中华人民共和国教育部. 义务教育语文课程标准 [M]. 北京师范大学出版社，2011.

27. 教育部基础教育课程教材专家工作委员会. 义务教育语文课程标准（2011年版）解读 [M]. 北京：高等教育出版社，2012.

28. 马亦男. 小学考试评价改革实践与探索 [M]. 首都师范大学出版社，2002.

29. 国家教育委员会师范教育司. 教师口语 [M]. 北京师范大学出版社，1996.

30. 路伟. 教师口语 [M]. 北京：北京师范大学出版社，2011.

31. 李吉林. 小学语文情景教学 [M]. 北京：人民教育出版社，2003.

32. 李吉林. 李吉林与情景教育 [M]. 北京师范大学出版社，2006.

33. 文美惠. 超越传统的新起点 [M]. 北京：中国社会科学出版社，1995.

34. 巴金. 快乐王子集 [M]. 成都：四川人民出版社，1981.

35. 刘勰. 文心雕龙 [M]. 郑州：中州古籍出版社，2008.

36. 叶圣陶. 叶圣陶教育文集 [M]. 北京：人民教育出版社，1994.

二、论文

1. 于永正.语文课堂教学的"亮点"在哪里[J].中国校外教育(理论),2007(1).

2. 朱瑛.《陶罐和铁罐》教学实录[J].新课程(小学),2008(12).

3. 吴中豪.关于语文训练的讨论[J].课程·教材·教法,2008(12).

4. 孙建龙.她为什么读不好——对一个朗读指导过程的反思[J].语文教学通讯,2005(1).